JN059808

月に3冊、読んでみる？

酒井順子

東京新聞

はじめに

「月に何冊くらい、本を読むのですか？」

と聞かれると、答えに詰まります。

本はたくさん買うし、図書館にも行く。身の回りには大量の本があるとはいえ、読み始めたものの途中で止まっている本、読んだ気はするけれど内容を思い出せない本、存在すら忘れている本……などが累々としており、確実に「読んだ」と言える本は果たしてどれほどなのか、と思うから。

好きだからこそ、私は本と乱脈に関係を結んでしまうのでしょう。系統立ててじっくりと読んでいけば、もっと深い人間になることができたであろうに。……などと思うこともままあれど、もう過去には戻れない。

そんな私が、ひとつのテーマに沿った本を三冊選んで文章を書く、「3冊の本棚」という欄を東京新聞・中日新聞において担当するようになったのは、二〇一二年五月のことでした。当初は、主に自分が興味を持つジャンルについての本を選んでいましたが、そうこうするうちに興味の種も尽きてきます。

しかし本の世界は、現実世界と同じくらい、広大でした。裏から、横から、斜めからその世界を眺めてみると、三冊の本を貫く様々な線が浮かび上がってくるのであり、そうこうしているうちに現在まで、連載が続くことになったのです。

本書は、その連載をまとめた一冊。改めて見てみると、同一作家の本が複数冊収められているケースが、いくつもあります。私の個人的な好みが色濃く表れているのであり、何だか自分の本棚をお見せしているかのようで、恥ずかしくなってくるものです。

が、「3冊の本棚」という連載タイトル通り、まさにこれは本棚を開陳する企画。心の中を覗かれるような恥ずかしさに身悶えしつつも、ありのままの読書嗜好を、皆さまにお届けすることにいたしましょう。

ある本を読んでいたら、関連書籍のタイトルが文中に出てきたり。読んでいる本の話を人にしていたら、「これも面白い」と別の本を薦められたり。……ということで、本は本を連れてきてくれます。本に手を引かれて次の本へ、という快感は、読書の大きな醍醐味のひとつ。

この本が、そのような快感を得る一助となれば、著者としては嬉しく思います。そして月に三冊といわず、四冊、五冊、そして……と、果てしなく乱脈な関係が広がっていったならば、悪い仲間が増えたことを、私は両手を挙げて歓迎いたします。

酒井順子

月に3冊、読んでみる？

目次

3 男

4 性

5 家・家族

6 作家

7 趣味・好み

8 旅・鉄道

9 学校・スポーツ

10 社会・時代・思想

※本書は、東京新聞・中日新聞の朝刊読書面に2012年5月から2021年5月まで毎月1回連載された「酒井順子さんの3冊の本棚」をえり抜き、加筆・修正しました。日付は東京新聞の掲載日です

書誌情報の見方

書影の位置 ←

●著者名など『作品名』（出版社）出版社名だけの場合は単行本

（出版社。〇〇文庫）文庫版もある場合は併記

（出版社・電子書籍）は電子書籍だけある場合

❶

❷

❸

※ 2021 年 5 月現在。「品切れ」と表記されていても、重版や復刊される場合があります

装丁・本文デザイン　中村 健（Mo' Better Design）

挿画　大高郁子

生きる

人生も下山してこそ【2021年2月13日】

ものすごい長生きをしない限り、今の自分は人生の後半を生きている。……と思いつつ書店に行ったら目に入ったのが、❶**竹内洋岳**(ひろたか)**『下山の哲学——登るために下る』（川口穣**(みのり)**構成、太郎次郎社エディタス）**。タイトルに誘われて購入し、近くの喫茶店で読み始めたら、ページを繰る手が止まらなくなりました。

竹内氏は、世界に十四ある八千メートル超の山を全て制覇した、日本人初の〝14サミッター〟。登頂することに注目が集まりがちな登山ですが、本書ではそれらの峰々をいかに下山したかが、克明に描かれます。

のぼる時よりも事故が起こりやすいのが、下山。竹内氏も、雪崩や悪天候、突然の体調悪化等、数々の壮絶な体験をしています。それでも登山を完結させるためには、一歩ずつ、自分の足で下りなくてはなりません。

頂上は、通過点のひとつでしかない。下山時に新たなルートを拓(ひら)くこともある。どんなパートナーを得るかで、登山は変わる。……といった登山家の思いは、まるで人生哲学のようなのであって、そんな竹内氏は、「つぎの山に登るために下ってくる」のだそう。下山もまた挑戦の一部、なのでしょう。

ただならぬピークを体験した人々のその後を追ったのが、❷**山田ルイ53世『一発屋芸人列伝』（新潮文庫）**。髭(ひげ)男爵としてブレイクした経験を持つ著者が、レイザーラモンHG、波田陽区、スギちゃ

『頂上は通過点のひとつでしかない』

ん等、一発屋仲間にインタビュー。同じ経験を持つからこそわかることもあれば、わかりすぎて苦い思いも湧いてくるその筆致から、下山行為の難しさが伝わります。

「消えた」と言われがちな一発屋ですが、彼らはもがきながら、新たな土俵を見つけていました。キー局のテレビからは消えても、地方局で活躍していたり、いわゆる営業に引っぱりだこであったりと、土俵を替えて生きている。つまりは別の山のピークを目指すその姿から伝わるのは、山はひとつだけではないという事実なのでした。

そして人生には最後、着地の時がやってきます。どうしたら周囲に迷惑をかけずに無事、着地することができるのか、との不安を抱く我々の心を鼓舞するのが、**❸上野千鶴子『在宅ひとり死のススメ』（文春新書）**。

人生の最後を一人で過ごすことはむしろ、満足度の高い状態。そして今ある制度を上手に使えば、一人でも慣れ親しんだ自宅で死ぬことができる。……と、読むべき本や知るべき制度も紹介する本書。着地すべき地点がはっきりと見えてくることによって、そこに至るまでの道にも、明かりが灯されたような気持ちになるのでした。

年のとり方、実例集【2019年2月10日】

サブカル界で活躍する人の多くが、四十歳前後で精神的不調に陥る。……という事実をあぶりだした対談集が、**❶吉田豪『サブカル・スーパースター鬱伝』（徳間文庫カレッジ=品切れ）**。リリー・フランキー、みうらじゅん、松尾スズキといった錚々たるメンバーが、辛かった過去を語ります。

ミッドライフ・クライシスという言葉がありますが、サブカル界のスター達は、若者の土俵において強烈な光を放ったからこそ、余計に中年期とのコントラストが強く、危機感が募るのかも。そこに体調の変化や異性問題、親の問題等が絡み合って、精神が不安定になる模様です。その時期を乗り越えてサブカル界で輝き続ける先達の言葉は、市井の四十代の胸にも、響くことでしょう。

年をとることは、そう簡単ではない。……と、年をとるごとに感じますが、そんな時に人は、先達から話を聞きたくなるものです。小泉今日子さんも五十歳を迎えるにあたり、「さて、どう生きよう?」と思った一人。**❷小泉今日子『小泉放談』（宝島社文庫）**では、小泉さんと先輩女性達が、五十代の生き方について語り合っています。

登場するのは、芸能界の方々から作家、学者、政治家まで、小泉さんよりも先に五十代を迎えた女性達です。働く女性でもある彼女達は、キョンキョンという頼もしい後輩に、仕事、恋愛、更年期……等、自身の経験を惜しみ

『年をとることは、そう簡単ではない』

❶
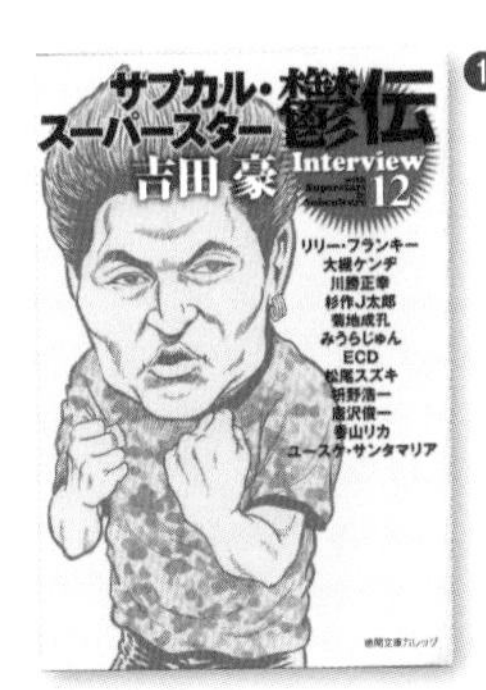

❷
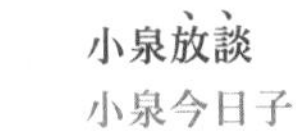

❸

なく語るのでした。

そんな対談の数々を通して見えてくるのは、「大人の女」像には決まった型など無いということ。「ロールモデルがいない」と嘆く女性達にとっては、生きるよすがとなる一冊でしょう。

　横尾忠則さんもまた、❸**横尾忠則『創造&老年』（SBクリエイティブ）**において、「先輩」との対談を繰り広げています。刊行当時八十一歳の横尾さんは、「創作活動と長命には何か深い因果関係があるように思う」ということで、画家、作家、写真家、音楽家……と、様々なジャンルにおいて現役で活躍を続ける年上のクリエーターに、会いに行くのです。

「考えない」「今しか見ない」「見えないものを感じる」といった各界の大御所達のお言葉は、何かを創ることに夢中になって生きてきた人ならではの境地を示します。超高齢化の時代を迎え、「長生きなんてしたくない」と言う人が増えましたが、この本を読むと俄然（がぜん）、「長生きすると、いいことあるかも」と、思えてくるのでした。

介護と〃卒業〃の今昔【2016年8月14日】

親の介護問題に取り組む人が多い、我々世代。将来自分がどうするかも含め、施設の問題には興味があるのですが、**❶鹿子裕文『へろへろ——雑誌「ヨレヨレ」と「宅老所よりあい」の人々』(ナナロク社。ちくま文庫にも収録)**に描かれる「よりあい」は、ちょっと入ってみたくなる施設です。

類稀な個性と実行力を持った男女二人が福岡につくった特別養護老人ホーム「よりあい」。施設の雑誌をつくることを任された著者が見た「よりあい」の運営方針は、熱く、そして型破りなものであり、著者もいつの間にか、その渦に巻き込まれていくのです。

とても面白く読み進む一方で、高齢者の人間らしい生活を目指した時、施設で働く善意の人達には尋常でない負担がかかる、ということも実感させられる本書。お年寄りも、介護にかかわる人達も、人間らしい生活ができるシステムが、さらに必要とされていくことを感じさせられました。

一時代前、「お年寄りを施設に入れるのは可哀想」という感覚が強かった頃に介護は誰が担っていたのかがよくわかるのは、**❷有吉佐和子『恍惚の人』(新潮文庫)**。一九七二年に刊行された本書は、高齢者問題をほとんど初めて世に問うた作品として知られますが、「耄碌」(と、当時は言われた)したおじいさんの介護を一手に引き受けたのは、同居する「嫁」でした。

『誰かの犠牲に頼ることなく卒業できる日が日本に来るか』

七〇年代は厚生白書に「同居」は、日本の「福祉の含み資産」と記される時代であり、介護は家族がして当然のことでした。フルタイムで働く「嫁」の苦闘ぶりが描かれる本書が浮き彫りにする問題は、今も古びてはいません。やがて舅(しゅうと)は他界して物語は終わるものの、〝終わりが見えない介護〟に身を投じた嫁達が、介護保険制度なき時代にはどれほどいたことでしょうか。

❸深沢七郎『楢山節考(ならやまぶしこう)』(新潮文庫)は、姥捨(うばすて)伝説を元にした著者のデビュー作。七十歳になったら口減らしのため「楢山まいり」に行くのが不文律の貧しい村に住むおりんばあさんは、自分の楢山参りの準備を着々と整え、決行します。

おりんの潔さは、村では賞賛されるものなのです。が、現代日本でもおりんのような気持ちにさせられているお年寄りがいるならば、それは悲劇。介護する人、される人。

誰かの自己犠牲の精神に頼ることなく、皆が安心してこの世から卒業できる日が日本に来るのか……?と思わされる、三冊です。

死を前にして人は平等【2015年5月10日】

身内が他界する度に、死にかかわる仕事に就く方々に救われてきました。「死」という不慣れな出来事に直面して呆然(ぼうぜん)とする遺族にとって、死者をあの世へと送って下さる葬送関係者は、手を合わせたくなる存在。

❶井上理津子『葬送の仕事師たち』（新潮文庫）は、葬儀社の社員、納棺師、薬液を使って遺体の防腐処置をするエンバーマー、火葬場職員など、死を扱う仕事師達の姿を丁寧に紹介する書。死を扱う仕事の大切さ、そしていかに自分が〝死の現実〟について無知であったかが、ずしんと腹に響きます。

仕事師達に共通するのは、死と死者に対する敬意です。確固たる自信と使命感をもって仕事師達は死と向き合っているのであり、「火葬炉の扉を越えたら」「みんな平等に全てが無」という火葬場職員の言葉が、沁(し)み入りました。

死者を送り出す方々の泰然とした姿勢と比べると、死ぬ側はいつもじたばたしています。誰にとっても死は初めての経験で、「先輩の話を聞く」というわけにもいかないので、当然と言えば当然ですが。

そんな中で**❷佐野洋子『死ぬ気まんまん』（光文社文庫）**は、タイトル通りに、ほとんど「わくわく」といった感じで死と向き合うエッセー。病院でがんの再発を告知された後、その足で「それ下さい」とジャガー（車の）を買ったという記述は、痛快です。「私の最後の物欲だった」の

『死は特別なことではない』

❶

❷

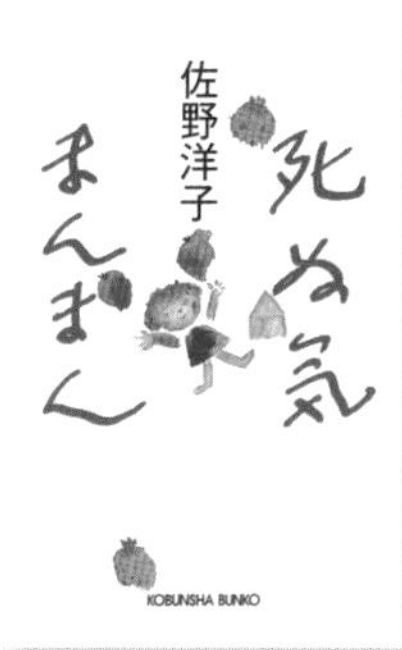

❸

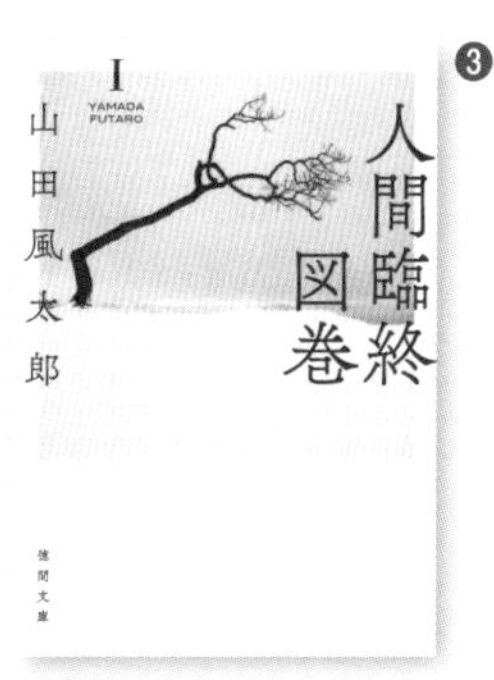

だ、と。

文庫には佐野さんと医師との対談も収録されています。「そんなに簡単に死なない」と医師に言われ、「お金全部使っちゃったんだもん」ということで「困る」と言う、佐野さん。死ぬことについて、「そう大げさに考える必要はない」という姿勢に、肩の力が抜けてゆきました。

❸山田風太郎『人間臨終図巻　新装版』①～④（**徳間文庫**）は、〝死の量〟に圧倒される本。「十代で死んだ人々」と「二十代で死んだ人々」はひとまとまりになっていますが、「三十歳で死んだ人々」以降は一歳きざみで、その年齢で死んだ古今東西の著名人達の「死にざま」が、ずらりと記されるのです。ちなみに私は今、四十八歳ですが、この歳（とし）で死んだのは聖徳太子、織田信長など偉人ぞろい。

いつ、どう死んだか。そんな記述をひたすら読んでいると、死は特別なことではないことが実感できます。そして改めて、死の前で人は平等だということも。

終わりあっての生き方【2017年1月8日】

SMAP解散問題にスポットライトが当たった、二〇一六年の暮れ。形あるものは必ず壊れゆくということで、SMAPの解散についても記される❶**速水健朗ほか『バンド臨終図巻』（文春文庫）**の巻頭言は、「祇園精舎の鐘の声……」という、平家物語の冒頭部分です。

本書には、国内外の様々なバンドの解散の経緯がひたすら記されます。共に夢を追い、成功を摑んだバンドであるからこそ、次第に愛だの憎だの金だのが絡まり合って離れていかざるを得なくなる様は、哀しい。「音楽性の違い」というバンド解散時の紋切り型理由の背景には、かくも様々なドラマがあるのです。

読み続けるうちに感じるのは、まさに「無常」ということ。SMAP解散にショックを受けているファンも多いと思いますが、この本はそんな人にとって無常を受け入れるための一助となるかもしれません。

何事にも終わりがある、ということを受け入れるのに苦労する我々。しかし終わり方にこそ「美」がある、と見た**三島由紀夫**は、「おわりの美学」というエッセイを連載したことがありました。❷**『行動学入門』（文春文庫）**に収められているのですが、「美貌のおわり」「旅行のおわり」「礼儀のおわり」等、短く軽い作品ながら、終わり方を通して、ふと自らの来し方を考えさせられます。

その中にしばしば登場するのは、死のモチーフ。何かを

★男性アイドルグループSMAPが2016年末で解散

『死について考えることは生きることを考えること』

美しく終えるためには、美しい死を選択するしかない。……という筆致は、著者の死に様を知る我々をドキリとさせるのです。

❸寄藤文平『死にカタログ』（だいわ文庫）は、まさに「死」のカタログ。イラストレーター、デザイナーである著者が、世界各国の「死んだらどうなるか」についての考え方や、東西著名人の人生と死に方等を、視覚化していきます。

人生の終わりである死に対して私達が恐怖や不安を感じるのは、死ぬ時、そして死後、自分がどうなるのか把握できないから。しかし本書では、寄藤さんならではの乾いた絵柄で死の世界が図解されており、「こんな感じかも」と腑（ふ）に落ちるのです。

死について考えることは、生きることを考えることでもある、と伝えるこの一冊。一年の始まりに「終わり」について考えることもまた、一年をよりよく生きることにつながるかもしれません。

鬼を求める人間の心【2020年3月8日】

小学生の姪もはまっている大ヒット漫画❶**吾峠呼世晴『鬼滅の刃』（集英社・①〜㉓）**を、読んでみました。

時は大正。主人公は、家族を鬼に惨殺された少年・炭治郎です。ただ一人生き残った妹・禰豆子も鬼になってしまったけれど、彼女には人間らしい心も残っていて……という中で、炭治郎は鍛錬を積み、鬼達と対決していくのです。

絵柄や笑いの取り方は今風なれど、鬼退治という物語は、古風です。そしてその古風なところが、子供達にはかえって新鮮なのかも。子供達にとっての大正時代は、私にとっての江戸時代くらいの、未知なる世界でしょう。

炭治郎が対決する鬼達は、様々な個性と出自を持っています。自分と変わらぬ部分を持つ鬼に同情を抱きながら向き合うというところに、ドラマが生まれるのです。

鬼についての名著といえば、❷**馬場あき子『鬼の研究』（ちくま文庫）**。著者は、子供の頃から「鬼畜妖怪に対する異常な恐怖をたえず内攻していた」という歌人です。歴史のあちこちに顔を出す鬼達の姿を様々な文献から捉え、日本人にとって鬼がどのような存在であったかを、あぶり出します。

鬼の源流を追っていくと、異様なエネルギーを持った人々や、社会からつまはじきにされた人々に、たどりつくようです。つまり鬼とは、人の最も人間らしい部分を煮詰めたような存在。

『鬼とは、人の最も人間らしい部分を煮詰めたような存在』

❶

©吾峠呼世晴／集英社

❷

❸
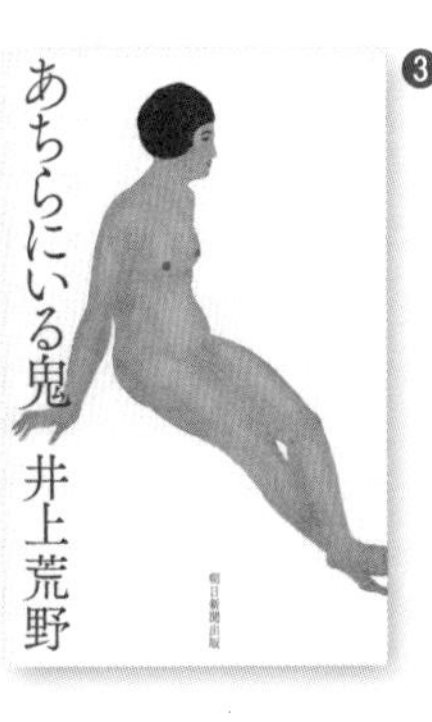

中世になると、女の鬼も登場してきます。男を愛し、裏切られた時に、昇華させることのできない気持ちがたぎり、鬼と化す女性達。能などにも見ることができる鬼となった女性から漂う哀しみは、彼女達が人間の心を誰よりも希求する存在であることを示すのでした。

❸井上荒野『あちらにいる鬼』（朝日新聞出版）は、一人の男性作家を挟んで対峙する二人の女性の心情を描いた小説です。男性作家のモデルとなっているのは、著者の父・井上光晴。そして二人の女性とは、著者の母と、井上光晴の不倫相手であった瀬戸内寂聴（当時は「晴美」）。

妻と愛人は、互いに「あちら」側への思いで心を乱されています。しかし、女性達が嫉妬に囚われた「鬼」だったのかというと、そうではない気がしてきました。鬼はむしろ、女性達の心をかき回したあげくに彼岸という「あちら」に行ってしまった作家だったのかもしれず、人は誰しも鬼と化す可能性を、感じさせるのでした。

悩み多きかな、人生【2019年4月14日】

誰かに聞いてもらうだけでもほっとするのが、「悩み」。新聞は読者の悩みを受け止め続けてきた媒体であって、❶**読売新聞生活部『きょうも誰かが悩んでる』（中央公論新社）**は、一九一四年に「身の上相談」が始まって以来、百年分の読者の悩みを紹介する本です。

悩みは、時代によって変化します。大正から戦前にかけては、「家」に縛られる苦悩や、結婚したら妻が処女でなかったといった「処女」関連の悩みが多い。戦後は夫からの暴力に悩む妻が目立ちますが、「もう少し我慢してみては?」との驚愕（きょうがく）のアドバイスが。回答もまた、時代によって変化するのです。

回答者の個性は、人生相談の読みどころ。朝日新聞の人生相談において人気だった超個性派の作家・**車谷長吉**（くるまたにちょうきつ）氏による回答をまとめたのが、❷**『車谷長吉の人生相談　人生の救い』（朝日文庫）**です。

相談者は皆、人生における不幸を打ち明けるのですが、車谷氏は自身の貧困経験や病気等、相談者の上をいく不幸話を披露。さらには「あなたには一切の救いがない」「愚痴死が待っている」など、救われたい人に救いの手を差し伸べないという、スパルタ回答を示します。

しかし車谷氏の回答は、読み終えると不思議とスッキリするのでした。「そのままでいいんだよ」的な現代風の優しい言葉はかけず、悩みの根源にあるものを淡々と提示。仏教的感覚に基づく氏の生き

『今は幸福の定義を自分で決められるようになった』

方自体が、読者をハッとさせる「回答」でした。

個性派を通り越して、もはや人間ではない存在が悩みに回答する異色人生相談本が❸**東村アキコ『東京タラレバ娘番外編　タラレBar』（講談社ワイドKC）**。「東京タラレバ娘」は、「あの時、ああしていタラ」「あの時、こうしていレバ」とタラレバ話ばかりしているアラサー独身女性三人が主人公の大ヒットマンガですが、コミックス巻末の〝タラの白子とレバーがキャラ化し、読者の悩み相談に乗る〟という企画も、人気。そのコーナーが一冊になりました。

悩みの多くは、結婚にまつわるもの。「結婚となるとなぜか男が私を選ばない」という普遍的悩みをはじめ、結婚というハードルの前で右往左往する女性達に、タラの白子とレバーが、人間でないのをいいことに、真実を言いまくります。

非処女が結婚しただけで大問題だった大正時代と「タラレBar」の悩みを比べれば、今は幸福の定義を自分で決められるようになったことを実感します。しかしその分、現代の悩みは複雑化。人生相談の必要性は、さらに高まっている気がするのでした。

貧乏を正面から考える【2016年10月9日】

一見、平和で豊か風だけれど、貧困問題が深刻な今の日本。平和で豊か「風」な時代が長かったからこそ、貧困を直視する能力を失っている気がします。

そんな貧困を改めて考えるきっかけとなるのが❶**『貧乏物語　現代語訳』**（**佐藤優訳・解説、講談社現代新書**）。マルクス経済学者で思想家の**河上肇**（はじめ）が今から百年前に書いた『貧乏物語』は、貧困の原因や解決法を考察し、ベストセラーになったのだそう。

「いくら働いても貧乏から逃れることができない『絶望的な貧乏』」が広まっていること。わずかな富裕層に富が占有されていること。貧困者の家庭の子女は高い教育が受けられず、階層の固定化が進んでいること。……と、現在に通じる部分が多い百年前の貧乏事情。だからこその「現代語訳」です。

河上肇は、富裕層が奢侈（しゃし）をやめれば貧乏は消えると考えました。皆が他者のことを考えれば格差は縮まると「経済と道徳の一致」を説いた彼は性善説の人。そうはうまくいかない日本ではあったのだけれど、「貧乏」を正面から考える必要性を、今に伝えるのです。

❷**岩波書店編集部編『私の「貧乏物語」』**（**岩波書店**）の帯には、「河上肇の『貧乏物語』から百年のいま――かすかな灯を見いだすための36篇の物語」とあり、芸人から政治家まで、様々な人が貧乏体験を語っています。

ここで戦争を知る人達は、

『貧乏は他者と比較された時に顕在化する』

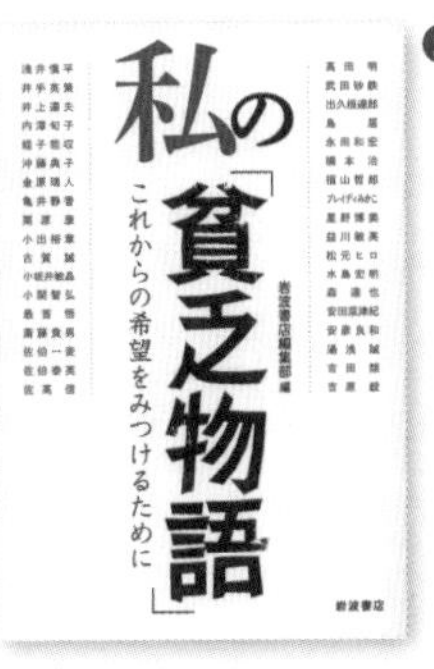

「あの頃は皆が貧乏だったので、貧乏とは感じなかった」と口をそろえています。貧乏は、他者と比較された時に顕在化するのです。

富裕層の「お金持ち物語」を並べても面白くなさそうですが、貧乏体験、そして貧乏の捉え方は、千差万別。貧乏をどう捉えるかは、その人の根本部分をあぶりだすのかもしれません。

『佐賀のがばいばあちゃん』『ホームレス中学生』など、芸能人による貧乏告白記がたまにヒットしますが、今は❸**風間トオル『ビンボー魂――おばあちゃんが遺してくれた生き抜く力』（中央公論新社）**が話題です。両親ともにいなくなり、祖父母に育てられた著者。公園のアサガオの花を食べ（紫が美味しいらしい）、洗濯機を風呂代わりにして服と一緒に自分も洗う日々の中でも、「貧乏だと人は悪いことをしてしまいがちだけど、そこをグッと堪えることが大事なんだ」という祖母の言葉で、まっすぐ育った著者。「辛いけど、不幸じゃない」という、高度経済成長期の貧乏物語は、妙にさわやかな読み心地なのでした。

獄中体験者が生みだすもの【2014年5月11日】

ある弁護士さんが、「人は収監されると、不思議に良い文章を書くようになる」と言っていました。教育を受けていない人であっても、獄の中で書く文は他人の心を打ち、それは俗世にあり続ける人には見られない現象だ、と。

収監経験はありませんが、情報も刺激もシャットダウンされた空間で、自己を見つめた上で表現した時に何かが変化するのは、わかる気がします。だからなのでしょうか、「獄中もの」の本というのは、どれも面白い。

私が初めて触れた獄中ものは、**❶花輪和一『刑務所の中』（講談社漫画文庫）**でした。拳銃不法所持の罪で逮捕された著者が、三年余の収監生活を思い出しつつ描いたこの作品は、細部まで綿密に描かれた漫画であるからこそ、人いきれや温度までもが感じられそうでした。「何を食べるか」がいかに重要なことであり、ブルボンのチョコレートクッキー「アルフォート」が支給された時の天国感には、読んでいる方もとろけそうに。

❷佐藤優『獄中記』（岩波現代文庫）は、外務省勤務中に逮捕された著者が、拘置所内で記したノートをまとめたものです。それは自身の裁判とその事件についての詳細な考察をしつつ、読書に集中する日々。

知的な人が、収監によってさらなる知の深みを探っていくわけですが、そんな著者もやはり、食べ物への関心は深いのでした。取り調べの後、

『シャットダウンされた空間で何かが変化する』

❸
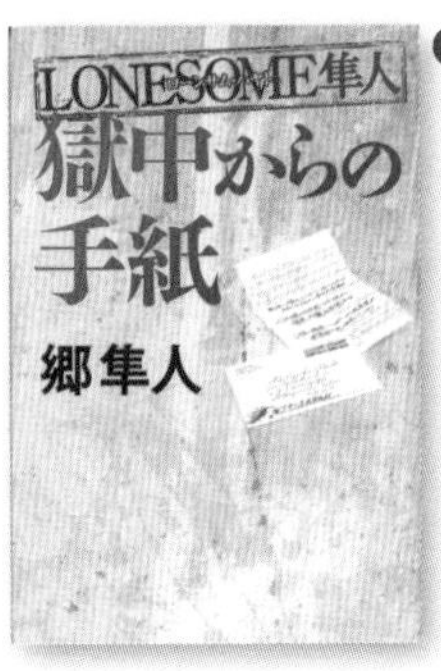

❷

❶

食パンにいちごジャムとマーガリンをつけて食べるという楽しみについての記述が、「弁証法概念」とか「司法の中立性」といった硬い言葉の中で、輝きます。

　アメリカでの刑務所生活を綴るのは、❸郷隼人**『LONESOME隼人　獄中からの手紙』（幻冬舎）**。著者は、朝日新聞の歌壇の常連投稿者であり、異国の刑務所でただ一人の日本人として暮らしています。

　本書では、歌ではうかがい知れない刑務所生活の細部が明かされます。日本の刑務所よりも自由度は高そうで、庭造りをしたり、時には材料をかき集めてスシを作ってふるまったり。

　日々の小さな楽しみはあっても、しかし殺人の罪で終身刑を受けている彼には、獄を出る希望も、日本に帰る可能性もありません。「囚われて母の死目に会えもせで　歌詠むなどと我は愚か者」といった歌からは、表現活動をせざるを得ない哀しみが、にじみ出るのでした。

転落は人を試す【2018年2月11日】

ネットの影響か、「転落」のスピードが速くなってきた昨今。小池百合子さんなどは、「排除」の一言で、あっという間に転落しましたし、スキャンダル絡みで一夜にして転落する芸能人も、後を絶ちません。しかし素早く転落した人は、案外素早く復活したりもするもので……。

❶シェイクスピア『アテネのタイモン』（松岡和子訳、ちくま文庫）を読んで思ったのは、昨今のちょこまかした転落&復活と比べると、昔の転落はスケールが壮大、ということでした。尋常でなく気前が良いアテネの貴族タイモンは、他人のために湯水のように財を使うのですが、実情は火の車。いよいよ財政が破綻すると、人々は去っていきます。友人達は、彼のカネに寄ってきていたにすぎなかったのです。

転落後のタイモンは、がらりと人が変わってしまいました。彼はアテネを出て、隠遁。世を恨みカネを恨み、容易に復活などしなさそうな様子です。それまで彼の人格を支えていたのもまた、カネだったのかもしれません。

カネは人生を狂わせます。**❷三島由紀夫『宴のあと』（新潮文庫）**は、引退生活を送っていた老政治家が、カネを持つ女性と出会うことによって、思わぬ運命に巻き込まれる様を描く物語。

その後、老政治家は再婚、さらには都知事選へ出馬することになり……というこの小説は、実際の出来事がモデルです。選挙という「宴」で夫

★２０１７月の衆院選で当時、希望の党代表の小池百合子氏が他党からの合流組の一部を「排除します」と発言し失速

『どん底まで落ちた時ほど、女の方が強い』

❶

❷

❸

妻の精根は尽き果てるのですが、その後、生命力を再びたぎらせるのは、妻の側でした。転落にひるむことなく、彼女はまたカネの方へとにじり寄っていくのです。

❸マーガレット・ミッチェル『風と共に去りぬ』 全五巻 **（鴻巣友季子訳、新潮文庫）** において、印象に残るのは女の強さでしょう。ロマンティックなイメージも漂うスカーレット・オハラですが、不幸続きの人生を、彼女は自身の強さで乗り越えていきます。

最後には、頼りにしていた人や愛する人を全て失うという状態になるわけですが、彼女はそこでも折れません。明日への希望を感じさせる彼女の言葉で物語が終わることは、皆さんご存じの通り。

どん底まで落ちた時ほど、女の方が強い。……となると小池さんにも、捲土重来の時がくるのか。転落後の生き方によって、その人の真の姿は見えてくるのだと思います。

根源と結びつく方言【2020年11月14日】

青森の大学で教鞭（きょうべん）をとる障害児心理の専門家による❶**松本敏治『自閉症は津軽弁を話さない』**（**KADOKAWA／角川ソフィア文庫**）は、「自閉症の子どもって津軽弁しゃべんねっきゃ（話さないよねぇ）」という、生粋の津軽人で臨床発達心理士である妻の一言が発端となってできた本。親は津軽弁でも、自閉症の子どもは共通語を話すという現象は、保健師達の間では「常識」と妻に聞き、それはなぜなのかと夫は疑問を抱いたのです。

様々な仮説を立て、青森のみならず方言が使用される全国の地を調査した結果として見えてきたのは、方言が持つ社会性の問題でした。地元への帰属意識や、そこに住む人々に対する親しみ等を表現したい時に適した言語が、方言。方言が持つその機能を、対人関係における距離感が摑（つか）みづらい自閉症の人は理解しづらいのではないか、と。だからこそ自閉症の子どもは、家族が話す方言よりも、テレビなどメディアで語られる共通語から、言葉を習得する傾向が強いのだそう。各地域の言葉と、メディアにおける言葉のずれが、「自閉症は津軽弁を話さない」という現象につながっているのです。

方言話者は、時と場合によって、方言の出し入れをします。地元の人と、くだけた場で話す時は方言が前面に出て、そうでない場合は共通語が強くなる。そう考えると、❷**井上ひさし『吉里吉里人（きりきりじん）』㊤㊥㊦**（**新潮文庫**）において、日本からの分離独立を宣言し

『方言話者は、時と場合によって、方言の出し入れをする』

❶

❷

❸

た東北の吉里吉里国の人々が、共通語を話す〝日本人〟に対してずっと吉里吉里語、すなわち東北弁を話し続けることは、強い建国のアピールとなっています。

話し手の素朴さや純粋さといった性質を感じさせる東北弁ですが、老獪にしてアグレッシブ、ついでに言うならおおいに猥褻な吉里吉里人は、その印象を裏切ります。吉里吉里語そのものが、日本に対する鋭い批判となっているのであり、日本を相手に戦う吉里吉里人を応援しているうちに、三巻があっという間に読み終わるのでした。

一方、**❸若竹千佐子『おらでひとりいぐも』（河出文庫）**は、二十四歳で東北から東京に出て来て家族を持ち、やがて一人となった七十代の桃子さんが、東北弁を取り戻す物語。夫に先立たれた寂しさと悲しみの中、桃子さんの胸の中には東北弁が溢れ出てきて、「東北弁とは最古層のおらそのものである」と、気づくのです。

方言は社会的機能を持つと同時に、自身の根源と結びつく言葉。「わたし」から「おら」に戻ったことによって、桃子さんは一人で歩を進めていくのでした。

見えないから、見えること【2015年9月13日】

「本を読むことができる」ということを、心底ありがたく思っている私。その喜びを多くの方に……と思い、日本点字図書館の活動にひっそり声援を送っているのですが、そこで理事長を務める**田中徹二**さんの❶**『不可能を可能に――点字の世界を駆けぬける』**（岩波新書）を読み、視覚障害者の世界が、デジタル化によって激変したことを知りました。

　六つの点で構成される点字とデジタルの世界は相性が良く、音声デジタル化によってさらに便利に。メールによって視覚障害者の世界はぐっと広がり、そしてこの本もパソコンの六つのキーによって書かれています。

　点字ブロックや駅のホームドアなど、視覚障害者に対する日本のバリアフリー対策は、世界的に見ても進んでいるそうです。が、ホームからの転落事故はまだ絶えず、どこかへ行く時の最も効果的な支援は「同行援護」、つまり晴眼者が一緒に歩くこと。

　デジタルの力と、アナログの力。両方が必要なのは、見えない人も見える人も同じこと。見えない人々の暮らしやすさは、他の障害がある人、ひいては様々な個性を持つ人の暮らしやすさにも、つながるのではないでしょうか。

　晴眼者が「見えない世界」を知ることは困難です。そこに興味を持った晴眼者の著者が書いたのが、❷**伊藤亜紗『目の見えない人は世界をどう見ているのか』**（光文社新書）。見ることによって圧倒的な情

『デジタルの力とアナログの力。両方が必要』

❶
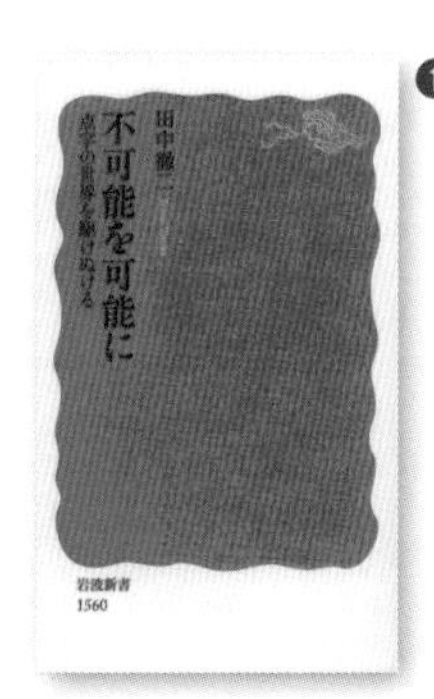

❷

❸

報量を得ている晴眼者は、どうやら見えることによってシャットダウンしている感覚もある模様。一方、見えない人は、触覚や聴覚など、他の感覚で「見て」いることもある。「見る」と「見えない」の間の垣根が、ぐっと低くなるような気がしてきました。

見えない人が、他の感覚をどれほど豊かに使っているか。それは**三宮麻由子**さんのエッセイを読むとよくわかります。**❸『そっと耳を澄ませば』（集英社文庫）**は、中でも特に聴覚に注目した一冊。幼い時に失明した著者は、花火の音に音楽を感じ、パイプオルガンの音からコンサートホールの天井高を知ります。もちろん聴覚だけでなく、靴底から地面の状況を察知したり、モグラを手にとってその気持ちを理解したり……。

鋭い感覚と、知性そして好奇心によって、「見えない世界」を見せてくれる著者。目を閉じて、耳を澄ましたくなる一冊です。

生きることの記録【2018年1月14日】

新しい年、新しい日記帳に私がまず書くのは「何を食べたか」。食べ物の記述は、後で読み返した時、他の記憶も呼び起こすのです。**❶エレーナ・ムーヒナ『レーナの日記――レニングラード包囲戦を生きた少女』（佐々木寛・吉原深和子訳、みすず書房）**もまた「何を食べたか」の記述に多くを費やす日記ですが、しかしそれは同時に「いかに食べなかったか」の記録でもあります。

一九四一年、ナチスドイツ軍に包囲されたソ連・レニングラードに住んでいた十六歳の少女の日記は、何をどれほど食べたかを克明に記すことによって、食糧の不足を浮き彫りにするのでした。飢えによって周囲の人が次々と亡くなる中、少女が頼りにしたのは、日記帳でした。少女にとって、日記帳はたった一人の相談相手であり、友達だったのです。

食べること、そして書くことが、生きることに直結するという事実を突きつけるこの日記。レニングラードを一人で脱出しようと試みる少女の運命は、果たして……？

第二次世界大戦中の日本で、大学生だった**山田風太郎**が記したのは、**❷『新装版　戦中派不戦日記』（講談社文庫）**。「不戦日記」とのタイトルは、作者が医学生故に出征しなかったがため。収められているのは、昭和二十（一九四五）年の日々の記録です。自分を、日本を、そして戦争を見る目は客観的であり、深い諦念の中に、どうし

『人間の感情は千年経っても変わらない』

❶

❷
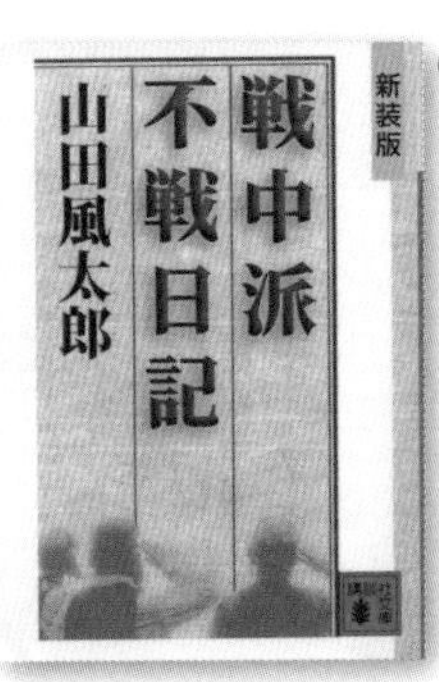

❸

ても諦め切ることができない熱が入り交じるのでした。

　敗戦でうちのめされた日本、そしてしたたかに生きる市井の人々。怜悧（れいり）な頭脳を持つ青年も、レニングラードの少女と同じく、尋常でない日々について、書き残さずにはいられなかったのでしょう。

　日記は古来、日本人にとって親しみ深い手段です。千年前の人々の日記は、今も私達に、寄りそい続けてくれているのです。

　たとえば❸右大将道綱母（みちつなのはは）**『蜻蛉（かげろう）日記 ビギナーズ・クラシックス 日本の古典』（角川書店編、KADOKAWA／角川ソフィア文庫）**。作者の藤原道綱母は、時の権力者である藤原兼家の妻ですが、妻といっても愛人に近い立場。嫉妬に苦しむ様が、赤裸々に描かれます。今の日記と違い、日々書かれたものではなく、後からまとめて書かれたものと思われますが、「人間の感情は、千年経（た）っても変わらない」という事実は、日記であるからこそ生々しく伝わるのです。

　自分のために書くのが、日記。しかしそれが他人の目に触れた時、作者と読者の間には、時を超えて一筋の思いがつながるのでした。

消えゆくものの美しさ【2015年8月9日】

東北のある町の盆踊りを見に行った時、妙にエロティックな空気を感じた私。顔は笠で隠れているのに、白いうなじはあらわ。踊りながらちらりと見える脛。……と、踊り手達が放つ色気は、ミニスカートの若者の比ではありませんでした。

❶下川耿史『盆踊り——乱交の民俗学』（作品社）を読んで、「それもそのはず」と納得した私。江戸時代の盆踊りは、男女が日常の規範から逸脱して性的な開放感に浸る貴重な機会だったようです。そのせいでしょう、明治維新後は混浴禁止令と共に、盆踊り禁止令が多くの自治体で発せられます。

昭和初期には、「東京音頭」が大ヒット。そのあまりに明るい曲調に、盆踊りのエロティックなムードは一掃されたらしいのですが、夏の夜の群舞は少しはエロい方が楽しそう。盆踊りの励行は少子化対策の一助になるのでは？　などと妄想しながら読みました。

盆踊りで食べたい、かき氷。今はかき氷ブームだそうですが、その先鞭をつけたのが、**❷蒼井優『今日もかき氷【進化版】』**（マガジンハウス）です。『カーサブルータス』での、ひたすらかき氷を食べ歩く連載が一冊になった本書を読めば、「本当に好きなんだ！」と実感します。

天然氷を訪ねたり、鹿児島でしろくまを制覇したり。はたまた沖縄、台湾、ハワイでもかき氷を食べまくり。見た目も美しいかき氷と、それを

『盆踊りの励行は少子化対策の一助になる？』

食べる美女とのマッチングが涼しげであると同時に、かき氷ガイドブックとしても便利な一冊です。

はかなく消えゆくものが美しく見える、夏。その代表格が花火であり、❸**山崎まゆみ『白菊』（小学館）**の帯の、美しい写真に思わず目を惹かれました。ここに写る花火の名こそが、「白菊」なのです。

新潟県の長岡で毎年行われる花火大会で、例年最初に打ち上げられる花火が「白菊」。そこには、昭和二十（一九四五）年の長岡空襲で亡くなった千四百八十余人の方々に対する、鎮魂と慰霊の気持ちが込められます。

白一色の白菊を生み出したのが、長岡の伝説の花火師、嘉瀬誠次さんです。九十歳を超えて今もお元気な嘉瀬さんの、出征、シベリア抑留、戦後シベリアの空に上げた手向けの花火……といった人生を追いつつ、観客が涙を流すという長岡の花火が抱く「物語」をひもとく本書。花火ははかなく消えますが、そこに込めた思いの重さが、ずっしりと残ります。

祭は誰のもの？【2018年9月9日】

夏から秋は、祭の季節。各地で、いろいろな祭に出くわします。

人の心に、普段とは異なる高揚感をもたらすのが、祭。若者にとっては恋のチャンスでもありますが、祭で胸が高鳴るのは若者だけではないことを示したのが、**❶高橋治『風の盆恋歌』**（こいうた）**（新潮文庫）**でした。おわら風の盆の夜にだけ密会する、不倫の関係の中年男女。悲しげな胡弓（こきゅう）の調べが、大人の恋情をかきたてる。

……ということで、バブルの時代に刊行されたこの小説は、当時の大人達の心に火をつけました。そしてこの小説のヒットにより、富山の「おわら風の盆」の知名度は、一気に上がったのです。

有名な祭には観光客が押し寄せるわけですが、地元の人にとってそれは、いたしかゆしといった現象でしょう。そもそも地元の人達のためにあるのが、祭なのだから。

❷石原慎太郎『秘祭』（新潮文庫＝品切れ）は、地元の人のための祭、という意味合いを忠実に守る人々が住む島での、物語です。舞台は、沖縄・八重山諸島の架空の島。人口が二十人にも満たないこの島は、今風に言えば限界集落であり、そこに一人で赴任するのが、島のリゾート開発を進めようとする会社から派遣された、一人の男でした。

島の人々は、極端に排他的です。他所者（よそもの）には見せないという年に一度の祭が近づくと、島の雰囲気は異様に高まり、そんな中で、他所者であ

『フェスは伸縮自在の人間関係を結んでいるよう』

❶
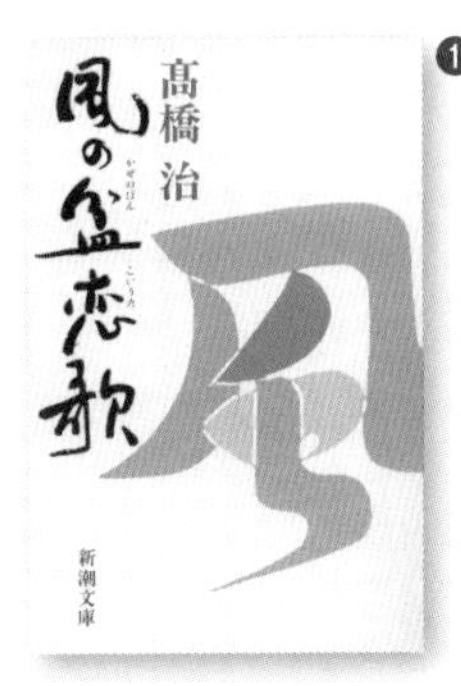

❷

❸

る男は島の禁忌に触れてしまう……。

祭は、その地に住む人々の所属意識と結束を高める働きを持ちます。が、ここ二十年の間に急速に発展してきた祭である「フェス」は、従来の祭とは違った人の結びつきを醸成することを示したのが、**❸永井純一『ロックフェスの社会学——個人化社会における祝祭をめぐって』（ミネルヴァ書房＝品切れ）**。

フジロックをはじめとして、今年の夏も各地で音楽系のフェスが開催されました。CD等は売れないのに、音楽イベントが隆盛の理由は、何か。人々は何を求めて、フェスへと向かうのか……？

「秘祭」を極端な例として、従来の祭は、参加者と傍観者が分かたれていました。しかしフェスの観客は傍観者ではなく、参加者。音楽のみならず、全身でフェスに「いる」ことを楽しみます。

参加者達は、伸縮自在で拘束感の無い人間関係を、フェスで結んでいるようです。共同体に縛りつけられるのも嫌、かといって居場所がないのも嫌という今の人達にとって、フェスはちょうどいい祭、なのでしょう。

島に生きる女【2016年9月11日】

「人が多すぎる東京から脱出したい」と、中年になってとみに感じるものの、本当に移住するガッツはなく、「ま、このまま住み続けるのだろう」と思っている私。しかし**❶内澤旬子『漂うままに島に着き』**（朝日文庫）を読んで、嫉妬のような感情が湧き上がってきました。

　四十代で独り身の著者。東京に嫌気がさして、エイヤとばかりに小豆島に移住した顛末（てんまつ）が本書には記されます。様々な困難があるものの、著者は逃げずに飄々（ひょうひょう）と対処。とうとう、海を眺めつつヤギと暮らす環境を手中にします。

　未来への不安は、もちろんある。しかし自らの欲求に従い、石橋を叩（たた）かずに足を踏み出すその軽やかさに私は嫉妬したのであり、本書を読んでいるつかの間、自分も東京を脱出したかのような気分になったのでした。

「ムーミン」シリーズの著者である**トーベ・ヤンソン**もまた、島を愛した女性であり、毎夏をフィンランドの島の小屋で過ごしていました。**❷『島暮らしの記録』**（冨原眞弓訳、筑摩書房＝品切れ）には島での日々が描かれており、挿画は島暮らしを共にするパートナーによるもの。

　その暮らしは、相当ハードです。夏とはいえフィンランドの海は、冷たそう。小屋があるのは島というより小さな岩礁で、木が一本しか生えていない所なのです。

　しかし彼女達は、自転車のようにボートを操り、泳ぎ、釣り（というより漁）をしま

『自らの欲求に従い、足を踏み出す軽やかさに嫉妬』

❶

❷

❸

す。北欧の人々にとって海と島は、切っても切れない関係にあるのです。

　そんな彼女がある日感じたのは、「海が怖くなった」こと。そのことによって自らの年齢を実感する彼女の人生はまさに、海と島と共にあったのでしょう。

　島尾ミホは、奄美大島のすぐ隣にある、加計呂麻(かけろま)島の旧家に生まれました。戦時中、島に駐屯していた特攻隊長の島尾敏雄と出会い、敗戦後に結婚したのです。

　ミホの子供時代、加計呂麻島を訪れた人々の思い出が❸**『海辺の生と死』（中公文庫）**に綴(つづ)られます。沖縄芝居の役者、踊り子、そして赤穂浪士を語る浪曲師。様々な地の人がそこには流れついたのであり、島尾隊長もまた、その一人でした。

　島尾隊長がいよいよ特攻出撃となった夜の、ミホのおこないはまさに、「この一晩が、一生」。しかし特攻は行われずに戦争は終わり、二人は『死の棘(とげ)』へと向かっていくのです。

女

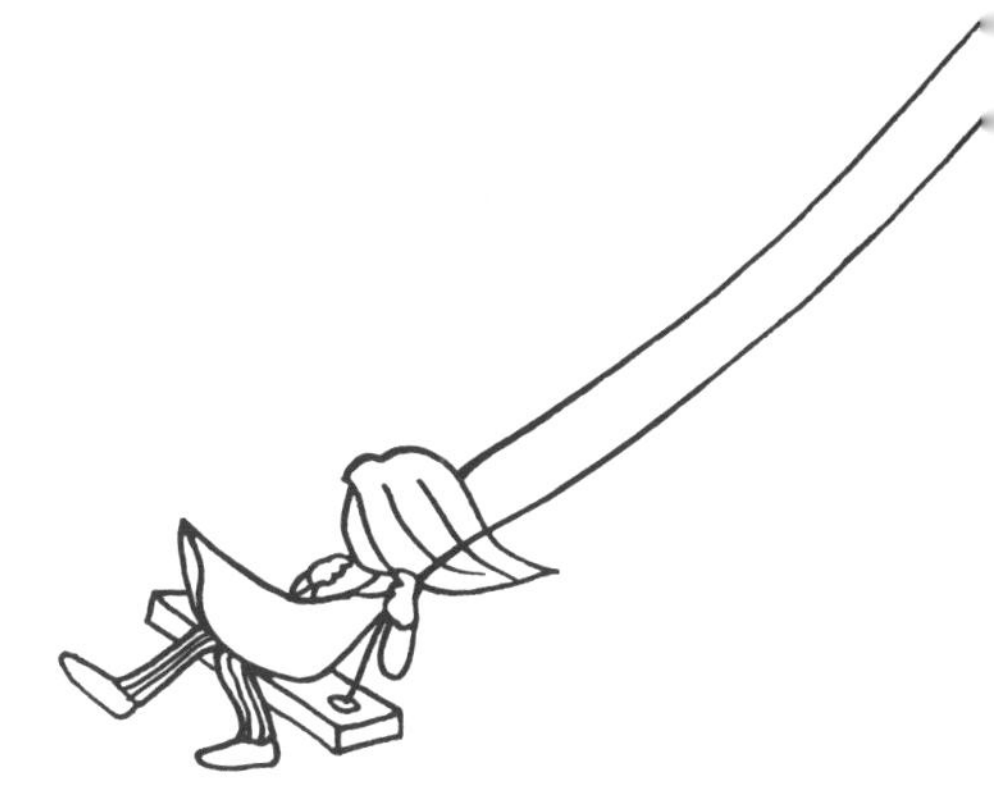

掃除の裏側【2019年9月8日】

★2019年1月12日、「家政婦は見た！」の主演女優・市原悦子さんが82歳で亡くなった

人気テレビドラマだった「家政婦は見た！」の原作が**❶松本清張『事故』**（**文春文庫**）収録の「熱い空気」であることは、あまり知られていません。主人公である家政婦の信子は、大学教授の家庭に派遣されます。勤務先の家庭に隠れる不幸を発見することを無上の楽しみにしている彼女は、早速この家庭でも不幸の種子を見つけるのでした。

信子は、種子に自ら水をやり、不幸の花を咲かせようとします。果たして彼女の思ったように花は咲くのか……？

昭和史といった大きなテーマから、一家庭の裏側まで、松本清張の「目」のズームは自在。何事にも裏側がある、ということを熟知する作家の手腕が光ります。

❷ルシア・ベルリン『掃除婦のための手引き書』（**岸本佐知子訳、講談社**）は、二〇〇四年に世を去ったアメリカ人作家の短編集。三回の結婚と離婚。四人の息子。職業も住む場所も転々とした経験を持つこの作家の人生の断片が、描かれています。

著者は、実際に掃除婦をしていたことがあります。通いの掃除婦として様々な家庭を見た経験から生まれたのが、表題作。

精液のついたシーツ。コカイン吸引に使った鏡。嫉妬、苛立ち、怒り……。家を成立させるピースはそれぞれであり、掃除婦はその中に他者として一人佇み、平等に視線を配るのでした。

「家はいろいろなことを語りかけてくる。掃除婦の仕事が

『人の裏側を見ることは愉しくも危うい行為』

苦にならない理由のひとつもそれだ。本を読むのに似ているのだ」(「喪の仕事」)と書く著者は、他人の家を「見る」ようにして自分の人生をも見て、そして書きました。不思議なつながりを持つ短編を読み進めるうちに、見知らぬ人の人生を生きた感覚になる一冊。

今年上半期の芥川賞受賞作**❸今村夏子『むらさきのスカートの女』(朝日新聞出版)**は、二人の女のお話です。ホテル清掃の仕事をしている「黄色いカーディガンの女」は「むらさきのスカートの女」に近づいていき、やがて同じ仕事に就かせることに成功するのでした。

掃除婦は、「見る」ことが仕事。黄色いカーディガンの女は、部屋の汚れを探すかのように、むらさきのスカートの女を凝視します。やがて読者は、見られる側ではなく、見続ける女の方に、心を持って行かれることになり……。

人の裏側を見ること。それは愉しくも危うい行為です。「見る」も「見られる」も紙一重であることを、掃除する女達の物語は教えてくれるのでした。

そこに差異があるから【2020年7月11日】

★2020年3月に東京五輪・パラリンピックの1年延期が決定

本当であれば、今頃は東京オリンピック、パラリンピックの話題で持ちきりのはずだったのに。……と思いつつ**❶阿部暁子『パラ・スター』（集英社文庫）**の**Side百花**と**Side宝良**の二冊を読みました。

主人公は、二人の若い女性です。高校時代に交通事故に遭った宝良は、車いすテニスで東京パラリンピックを目指すように。同級生の百花は、宝良のために競技用車いすを作ることを夢見て、車いすメーカーに就職します。

車いす生活の宝良と、健常者の百花。二人の立場は違っても目指す所は同じであり、それぞれの場所で戦いながら、共にパラリンピックへと向かっていくのでした。

車いすテニス競技への興味もかきたてられる、この物語。宝良に憧れる車いすの少女が、自分を他人と比べずに「わたしはわたし」と思うところに、ぐっときました。

❷レティシア・コロンバニ『彼女たちの部屋』（齋藤可津子訳、早川書房）の主人公は、パリに住む四十歳の女性弁護士・ソレーヌです。仕事でも私生活でも苦境に立たされて精神のバランスを崩した彼女は、ふとしたことから救世軍の施設である「女性会館」をボランティアとして訪れました。

そこにいたのは、アフリカから逃れてきた女性や、売春をせざるを得ない女性、ＤＶ被害者……と、エリートのソレーヌとは全く異なる境遇に置かれた女性達。女性達の手

『違いを認める勇気を持つ女性達の姿に励まされる』

❶

❷

❸

助けをしようとするソレーヌは、自分が女性達から助けられてもいることに気づきます。

人間関係は決して、どちらかが一方的に何かを「してあげる」だけで成り立つものではありません。ソレーヌは女性達の力を借りつつ、それまでの人生では閉ざしていた扉を、開けていくのです。

❸ヤマシタトモコ『違国日記』既刊①～⑦（祥伝社）は、ある少女の両親が交通事故で他界し、叔母が彼女を引き取って共に暮らすところから始まるマンガです。

小説家の叔母は、母親のように姪（めい）を愛そうとはしません。二人は違う人間であり、本当にわかり合うことはできない、という前提の中で進む同居生活は、しかし不思議に心地よさそうです。血がつながっていればわかりあうことができて当然なのではなく、元々違う人なのだからわかり合えなくて当然、という態度がむしろ清々（すがすが）しい。

年齢やら貧富やら肌の色やら、私達は様々な「違い」にいちいちひっかかります。が、相手との違いを正面から見た方が、かえって付き合いはうまくいくのかも。違いを認める勇気を持つ女性達の姿に、励まされる本達なのでした。

〝旺盛〟な女性の生き様【2014年1月12日】

★大家族を追った民放のドキュメンタリー番組「痛快！ビッグダディ」が2013年末に完結

「完結編」とあったのでつい見てしまった、年末の「ビッグダディ」。最初の妻なども登場して面白かったのですが、そこで思ったのは「子だくさん家族は物珍しいが、かつては、もっとすごい人がいたのではないか」ということでした。

たとえば、与謝野晶子。歌人等としての活躍はもちろん知られていますが、彼女は十三人もの子を産んでいます。**❶松村由利子『与謝野晶子』**（中公叢書）を読むとよくわかりますが、彼女は出産子育てのみならず、全てにおいて「旺盛な」人でした。夫の鉄幹は、最初は晶子の師であったものの、やがて晶子の名声の方が上まわるように。晶子は自分の稼ぎで夫を海外留学に送り出したかと思えば、既に七人の子を持つ身でありながら「私も！」と後を追ってパリへ。そして子供達には皆、高い教育を受けさせ立派に育て……と、全方位的に「あれもこれも」の人生をまっとうしました。

女性の生き方は昔と今では大きく変化したわけですが、しかし歴史にその名を残すような女性というのは、時代とは関係なく、自分のしたいことをしているものです。キュリー夫人といえば伝記でお馴染(なじ)みですが、彼女は単なる頭の良い女性ではありません。次女の**エーヴ・キュリー**による名著**❷『キュリー夫人伝』**（河野万里子訳、白水社）に記される彼女の力強さと人間臭さは、時に意外なほどなのです。

『歴史に名を残す女性は自分のしたいことをしている』

ロシア支配下のポーランドに産まれた彼女は、餓死しそうな状況にも気づかないほど猛勉強。結婚後は二人の子供を産みながら研究に没頭し、ノーベル賞を二度も受けます。夫が早世してからは年下の既婚男性との不倫の恋も経験しているという、これまた旺盛きわまりない生き様なのです。

先達女性の生き方を見ていると、今の女性の方が、かえっておとなしいのではないかと思えて来る私。九十一歳になられた**瀬戸内寂聴**さんもまた、旺盛な女性であるわけですが、その近作③**『爛（らん）』（新潮社。新潮文庫にも収録）**には、結婚・出産を経ながらも、常に恋と仕事にも生きてきた二人の高齢女性が描かれます。その人生の隅々にまで脂っ気が満ちているようで、著者の生気に満ちた顔が脳裏に浮かぶのです。

「子だくさんの人」のテレビ番組を物珍しく見る私達が、いかに弱体化しているかを感じさせる、旺盛な女性達の本。読むだけで、尻を叩（たた）かれているような気分になるのでした。

権力を握る女性達【2020年8月8日】

★2020年の東京都知事選で再選した小池百合子氏の半生に迫ったノンフィクション『女帝 小池百合子』（石井妙子）がベストセラーに

二〇二〇年の都知事選の頃、話題となった、〝女帝〟の話。日本の政界に、女帝的存在感を持つ人が少ないからこそ小池都知事は目立つのだと思いますが、**❶原武史『〈女帝〉の日本史』（NHK出版新書）**は、少ないながらも連綿と存在していた、権力を握る女性達の姿を浮かび上がらせた書。

歴史の中で権力を握った女性達にとって、「母」であることは大きな意味を持っていたことが、この本からはわかります。神功（じんぐう）皇后や北条政子にしても、強さと母性を兼ね備えた存在。次代の天皇や将軍となるべき子供を「産んだ」ということが、彼女達の存在を大きくしました。

対して今、「産んだ」ことは権力の場において、さほど大きな意味を持ちません。小池都知事にしても、独身・子なし。世襲ではない地位を女性が得るには、産んだ・産まないよりも、本人の実力や性質が問われるのです。

❷有吉佐和子『開幕ベルは華やかに』（新潮文庫）は、女帝が狙われるミステリー小説です。七十代にして大劇場を満席にする大女優を舞台で殺す、との脅迫電話が劇場にかかってきたことにより、舞台裏は混乱を極めるのでした。

大女優は、ライバルを蹴落としながら地位を築いてきました。わがままな性格で、多くの人から憎まれてもいます。しかし女優としての能力は抜きん出ているからこそ、舞台に君臨し続けることができている。自分のことを周囲

『女性が権力をどう扱うか問われるのはこれから』

に「お嬢さま」と呼ばせる彼女の感覚は、母性によって統率する伝統的な女性権力者のそれとは全く異なるのでした。

「母」であることが権力に結びついた時代は、女性と権力が結びつくには「母」というルートしかなかった時代と言うこともできましょう。しかし近現代になると、女性は自分の才覚だけでも女帝への道を歩むことができるようになってきたのです。

そうなると、別の苦悩もあらわれます。**❸花房観音『京都に女王と呼ばれた作家がいた――山村美紗とふたりの男』（西日本出版社）**は、ミステリーの女王・山村美紗の謎に満ちた生涯を丹念に描いた書ですが、彼女は人気作家となってからも、今風に言うなら承認欲求に取り憑かれたように、小説を書き続けます。実の夫と、仕事上のパートナーである西村京太郎氏をそれぞれ至近距離に置き、心身を削るように書き続けた彼女は、女王の地位を追われることに対する恐怖心を、常に抱いていたのではないか。

掌握するまでよりも、掌握した後の方が大変なものが、権力。女性が権力という目新しい道具をどう扱うかが真に問われるのは、これからなのでしょう。

女が凶行に走る理由【2015年3月8日】

殺人等の凶悪な罪を犯した女性のニュースは、耳目を引きます。数量的に比較すれば、男性犯罪者の方がうんと多いからこそ、女性の犯罪者は目立つのです。そして男性より穏やかとされる「女」が凶悪な罪を犯すというギャップが、人々を興奮させもするのでした。

犯罪小説においてもそれは同様で、殺人を犯す女性が描かれる小説には、特殊な華があります。穏やかであるはずの「女」がなぜ、人を殺めるに至ったか。その経緯を、私達は欲しているのです。

❶**黒川博行『後妻業』**（**文藝春秋。文春文庫にも収録**）は、妻に先立たれた高齢男性の後添いとして入り込み、その財産を狙う女の話。関西で現実に発生した、青酸化合物を夫などに飲ませた女性による連続殺人事件とぴったりリンクしていることが、話題になりました。

主人公は、生まれながらの悪女。女＝穏やか、という公式など成り立たないことを、冷酷に示します。

対して❷**葉真中顕『絶叫』**（**光文社文庫**）の主人公の女性は、ごく普通の家庭に生まれた女性。普通に生きていたはずなのに、半歩の転落を繰り返すうちに、暗い道へと堕ちていくのです。そして行き着いた先は、保険金殺人。

しかし彼女は、お金のためだけに人を殺めるわけではありません。彼女は、堕ちることによって何かを訴えてもいるのであり、読みながら恐怖と同時に快感がもたらされる

『女犯罪者小説の主人公は女性読者に力を与える』

❶

❷

❸

のは、自分が彼女の側に立っているから。

そして女による犯罪小説の金字塔といえば❸**桐野夏生『OUT』上下（講談社文庫）**です。それぞれの苦労を抱えながら、弁当工場で深夜のパートをする主婦四人。その中の一人が夫を殺してしまい、仲間が死体をバラバラにすることになります。

そこに絡んでくるのは、女同士の確執、女と男の戦い。中心人物である「雅子」は、その只中でまさに血まみれになりつつ、前に進み続けるのです。

雅子を筆頭として、女犯罪者小説の主人公達は、女性読者にある種の力を与えます。長きにわたって、自由や希望、時には命までをも男性から奪われ続けてきた女性達の怨嗟の声を背負って、主人公達が復讐をしてくれているように感じられるからなのでしょう。

男性にとって、これらは恐ろしい物語かもしれません。しかしそれが物語だからこそ、私達は雅子達に思い切り声援を送ることができるのでした。

家を建てる女【2014年2月9日】

★2014年4月に消費税率が5%から8%に引き上げられた

消費税増税前の、駆け込み消費が増えているそうです。家やマンションの購入を考えた人も、多かったのでしょう。

女三界に家無し、とは昔の話で、今はマンションどころか一軒家を建てる女性もいる様子です。今から十年以上も前、三十歳の若さで家を建てたのが、漫画家の**伊藤理佐**さん。その顚末を記した❶**『やっちまったよ一戸建て!!』**①②（文春文庫）は、「家を建てる女」本界（そんなジャンルがあるかは謎だが）の名作です。

バツイチ独身（当時）の伊藤さんがふとした時に家の建築を思い立ち、「男なし、お金なし」の状態から、ノリと根性で実行に移してできた家は……。笑える&ちょっと怖い気もする、実録漫画です。

❷**ニコ・ニコルソン『ナガサレール イエタテール 完全版』**（太田出版）も同じく、「家を建てる女」本ですが、こちらは、東日本大震災の津波によって流された宮城県山元町の実家を、独身漫画家である著者が建て直す、というお話。

実家に住んでいたのは、作者の母と祖母。二人は津波に呑まれたものの一命をとりとめ、避難、祖母の認知症、母の病……と深刻な事態が次々と発生するのですが、タイトルを見てもわかる通り、作者はそれを笑いと共に描きます。

被災地の実情、被災した人々の心情、そしてお金の事情。そんなことも、「家を建

「家を建てることは家族のあり方を見つめ直すこと」

てる」というひとつの物語を軸に明らかにされる本書。元の場所に、本当に家を建てるのか。祖母、母の気持ちは。資金はどうする？　……家を建てるということは、家族のあり方を見つめ直すこと。震災のことを実感として知りたい人にも、家を建てたい気分の人にもおすすめです。

しかし家は、建てた後もまた大変なもの。今、あちこちで聞こえるのは「田舎の家、どうしよう」という声です。**❸コンタロウ&三星（みつぼし）雅人『田舎の家のたたみ方』**（メディアファクトリー新書・電子書籍）といった本があるのも、田舎の家を残されて呆然（ぼうぜん）とする都市住民の多さのあらわれでしょう。田舎の家、そして農地や山の処分の仕方がいかに難しいかが、本書を読むとよくわかるのでした。

それにしても家というものは、建てるのもたたむのも、本当に大変。「家は三回建てないと満足がいかない」と言いますが、ノマドライフに憧れる人がいるのも、わかる気がするなぁ……。

男にとっての母、女にとっての母【2013年5月12日】

★日本の母の日は5月の第2日曜日

母の日到来。母と娘の関係が、決して美しいばかりではないことは、よく知られています。複雑な感情を抱き合う母娘か、はたまた「友達母娘」か。昨今の母娘関係は、二分されているように思います。

前者に近い感覚を持つ人が読むとおおいに納得し「私のことか」と思うのが、❶**水村美苗『母の遺産――新聞小説』**㊤㊦**（中公文庫）**。娘だからこそ見えてしまう、母親の嫌な部分、「女」の部分。母が持つ毒に浸食された娘が、母の老年期にあたってその死を願うのは、非情でも非常識でもないということを提示できるのは、小説の力でしょう。そして女の人生の哀しみは、娘もまた、受け継いでゆく……。

本書には、平和な日本で「市井の生活を平凡に送る女にとって、母親の存在は――しかも今や長寿社会となり、延々とつき合い続けねばならない母親の存在は、ふつうの男には多分想像もつかない、過剰な意味をもちうる」とありますが、母親に対する感覚の男女差は著しいものです。

たとえば**三島由紀夫**は、幼児期に祖母に育てられたこともあって、母親に対する愛情は特別なものがあります。そのことに対して彼がおおいに自覚的であったことを思わせる小説が、❷**『午後の曳航』（新潮文庫）**なのでした。

若くして夫を亡くした美しい母を持つ十三歳の少年。彼が憧れた逞しい船乗りは、やがて母と深い仲となり、そ

『女の人生の哀しみは娘もまた受け継いでいく』

❶

❷ 午後の曳航 ごごのえいこう Mishima Yukio 三島由紀夫 新潮文庫

❸

の時に少年は……。

これは、少年のマザコン心理を描いた物語ではありません。少年が抱く美しい大人の像から離れゆく船乗りに対する彼の憤懣（ふんまん）が表現されるわけですが、しかしこの物語は、「母と息子」であるから成立するもの。母も女であるという事実を知った「娘」の現実的物語が『母の遺産』だとしたら、こちらは「息子」の物語であるからこそ、甘いウットリ感が広がります。

母の存在はかくも強大、であるわけですが、私がティーンの頃に好きだったのは、**佐藤愛子**さんの「娘と私」もののエッセイ。たとえば❸**『娘と私のアホ旅行』**（**集英社文庫**）であれば、様々なものに怒りまくる母の言葉を、娘さんがサラリと受け流すそのやりとりがおかしい。母娘旅に特有の「相手にキレる瞬間」もあって、「どこの母娘も同じであることよ」と、思わされます。アジア、アフリカ、ヨーロッパを巡る長旅の中でも衰えないのは、母の怒りの力。やっぱり母は、強いのです。

おばあさん本の迫力【2012年10月14日】

昨今、「おばあさん本」に勢いがあって、書店のエッセイコーナーでは、様々な分野で活躍する高齢女性達の本が百花繚乱。超高齢化の時代において、長い人生経験に裏打ちされたメッセージが、人気なのだと思います。

対しておじいさん本は、さほど多くありません。日野原重明先生が一人気を吐いておられるものの、後には続かない（日野原さんは二〇一七年に死去）。やはりその辺りは、男女の平均寿命の違いも関係するのでしょう。

本を書くおばあさん達はそれぞれ個性豊かですが、おばあさん本の古典と言っていいのが**❶宇野千代『生きて行く私』（KADOKAWA／角川文庫）**です。明治から平成まで、約百年の人生が描かれているのですが、その人生の何と破天荒、そして何と華やかなことか。

「私には年齢と言う意識がなかった。若いとか、年をとっているとか言う意識がなかった」

という千代さんの言葉は天然のもので、そこには昨今の美魔女達が漂わせる必死さはありません。

百五歳まで生きた日本画家の**❷小倉遊亀**によるエッセイ**『画室の中から』（中央公論美術出版＝品切れ）**からは、仕事というもの、芸術というものに、生涯をかけて真摯に取り組んだ女性の迫力が漂います。

「自分の作った観念の殻の中にとじこもって、他を排除して止まぬかたくなさを、老人

『精神の柔軟性こそが若さである』

というのだ。希わくば老人にはなりませんように」

という文章は、精神の柔軟性こそが若さであることを、教えてくれるのです。

年齢を意識しないおばあさん。老いを遠ざけようとするおばあさん。それぞれの生き方がありますが、昨今、ブームとも言える活躍をするアーティストの**草間彌生**さんは今、八十三歳。老いを感じさせない作品を作り続けながらも、❸**『無限の網――草間彌生自伝』**（**新潮文庫**）を読めば、老いも死も、自覚しておられることがわかります。

「（略）みんなこれまで高い空を飛んでいたのが、死が近づいてきて、着陸態勢に入ってきている。だから、みんないま、熱狂的に作品を作っている。追い込みに入っているから」

という姿勢は、潔い。

人生の締めくくりの時期を、どう生きるか。おばあさん達はそれぞれのやり方で、私達に教えてくれます。先達の本の数々を読んでいると、「おばあさんになる覚悟」が湧いてくるのです。

男の遊里は女の苦界【2017年11月12日】

歌舞伎で吉原が舞台の場面では、パッと目がさめるような気持ちになります。傾城も華やかで、お姫様みたい。

……ですが、彼女達は決して姫ではありません。華やかさの一方には深い闇があるのであり、その光と闇、双方を直視したのが**❶渡辺憲司『江戸遊里の記憶――苦界残影考』**（ゆまに書房）。

吉原以外にも、江戸時代には多くの遊里がありました。宿場町、鉱山、漁港……と、男ある所に遊里あり。江戸文学の研究者である著者は、各地を訪れ、遊女達の生き様を思い描きます。

時に憧憬や江戸情緒と共に語られがちな、遊郭。しかし著者は、そういったセンチメンタルな捉え方に対し、警鐘を鳴らすのでした。男性にとっては「遊里」であっても、女性にとっては「苦界」。その「苦」の記憶を残すことによって歴史を繰り返さないようにしようとする著者の人間愛が、そこにはあります。

一方で遊里は、生活の場でもありました。**❷喜熨斗古登子述『吉原夜話』**（宮内好太朗編、三谷一馬画、青蛙選書、絶版）は、江戸時代末期に吉原の遊郭の娘として生まれ、初代市川猿之助に嫁いで昭和まで生きた女性が、吉原のあれこれを語った書。彼女は、女性の視線で、それも遊女を使う経営者サイドの女性の視線で、吉原を隅々まで見ています。

頭の良い人であったようで、遊女に対しても客に対しても客観視をしているからこそ、当時の吉原の様子がよく

『赤線跡は男女の悲しさの遺跡』

❶

❷

❸

わかる。

華魁は、客から何か言われても返事をすることは稀で、大概はうなずくだけ。……といったことを知ると、歌舞伎や落語に出てくる廓の物語が、いっそうよくわかる気がするのでした。

戦後、公娼制度が廃止されてから形成されたのは、赤線地帯。その時に流行したのが、入り口にホールがある、独特のカフェー調の店でした。**❸木村聡『赤線跡を歩く——消えゆく夢の街を訪ねて』（ちくま文庫）**は、風化が進むそれらの建物を、各地に訪ねた書。

各地の写真を見ると、そこには確かに、何らかの情緒があります。しかしそれもやはり、苦界に身を投じざるを得なかった女性達による「影」が残したもの。無遠慮にカメラを向けたりすることなく、「どうか一人でひっそりと出かけて、何かを感じて下さい」と記す著者。それは、男と女の哀しさの遺跡なのです。

男

〝カッコいい〟生き方指南【2020年9月12日】

一九六五年に刊行された❶**伊丹十三『ヨーロッパ退屈日記』**（**新潮文庫**）は、当時の青年達に大きな衝撃を与えたそうです。映画出演のため、ヨーロッパに長期滞在した時のことを書いたエッセイなのですが、当時の流行り言葉で言うならば、それはとにかく「カッコいい」本。

語学に堪能、かつセンスとスタイルを持つ俳優は、ヨーロッパ生活を楽しみます。そんな人であったからこそ、敗戦から二十年経ち、西洋の生活を取り入れたくてもちぐはぐになってしまう当時の日本に、彼は嘆息するのでした。

美しいパリを見ては、「どうして東京はあんなに駄目なんだろう。日本人っていうのは駄目な種族なのかね」と思うのは、そこに日本への愛があるから。結果、本書はスパゲティの正しい茹で方・食べ方から洋服の着方まで、ユーモアを交えて説くマナーの指南書にもなっているのです。

エッセイストとしての伊丹十三を見いだしたのは、**山口瞳**でした。『ヨーロッパ退屈日記』のあとがきには、山口と伊丹が一緒に鮨を食べた時、山口から勘定の払い方について教えられたことが記されています。山口もまた自分のやり方を持つ人であり、❷**『礼儀作法入門』**（**新潮文庫**）といった著書があるのも宜なるかな。

「入門」とはいえ、これはハウツー本ではありません。ハウツー本とは、末端の「行為」を教える本かと思いますが、ここで説かれるのは「心

『相手のことを考えれば、すべき行為はおのずと浮かぶ』

❶

❷

❸

構え」。職場で、酒場で、葬式で。……相手のことを考えれば、すべき「行為」はおのずと浮かび上がるのでした。

末端の「行為」は時代とともに変化してきましょうが、他人に対する心構えは、そう変わるものではありません。「なぜか出世しない通勤の天才」など、ニヤニヤが抑えられないエピソードを読みつつ、著者であればコロナ時代の礼儀をどう描いたのか、などと想像してみるのです。

山口瞳と同年代、大正生まれの**池波正太郎**も❸**『男の作法』**（**新潮文庫**）という本を著しています。彼らの後輩世代が、高度経済成長の波に揉まれて礼儀だの作法だのを忘れがちであったからこそ、この手の本は求められていたのではないか。

蕎麦の食べ方、鮨の食べ方といったことも紹介されつつ、この本が思い出させるのは、男が家庭で厳然とした力を持っていた時代のことです。池波の母が倒れた時、自分はあえて病院に行かずに妻だけ行かせ、「息子は見舞いに来ないが嫁は来てくれる」と母に思わせて嫁姑の紐帯を強めた、という話は池波の時代小説に出てくるエピソードのよう。「家長」という言葉を、久しぶりに思い出しました。

独身男性はどう生きるか【2017年9月10日】

〝独身本〟は珍しくありませんが、男性著者はプライドが邪魔をするのか、「独身」をあまり綴らない。……とはいうものの名著はあって、たとえば『方丈記』はその古典です。地震、大火など災害シーンも有名ですが、山中で一人暮らす日々の記述は、その無常感によって人々の心を捉え続けてきました。

では作者の鴨長明はどのような人物で、なぜ隠遁生活を送ることとなったか……を知るには**❶五味文彦『鴨長明伝』（山川出版社）**。賀茂御祖神社、すなわち下鴨神社の禰宜の家に生まれた長明は、神職としての将来を断たれた時に、一人で生きる道を選びました。その理由がやはり男性らしいものよ、という気がしてきます。

近代の独身男性作家のスターと言えば、永井荷風です。出家の身だった長明と違い、荷風は俗世にどっぷり浸り、結婚も二度しながら、シングルライフを選んだ人。そんな荷風の〝日乗〟のエッセンスをビジュアルで紹介するのが**❷永井永光・水野恵美子・坂本真典『永井荷風 ひとり暮らしの贅沢』（新潮社とんぼの本）**です。

好きなものを食べ、好きな人と会った、荷風。山中で孤独に暮らした長明に比べると、その暮らしは賑やかです。しかし生々しい日々の中にもどこかから乾いた風が吹き抜けて、生活の印象はカラッと湿度が低いのでした。荷風の贅沢な恬淡ぶりを目で楽しむことができる一冊で

『ひとりは自由だけど背負うものも多くなる』

す。

❸**松浦晋也『母さん、ごめん。』**（日経BP）は現代の独身男性の現実を浮き彫りにする本。**「50代独身男の介護奮闘記」**とサブタイトルにある通り、認知症の母親を介護する日々が綴（つづ）られます。長寿社会の今、長明や荷風の時代には考えられなかったであろう、独身男性による介護という現実があるのです。

最初は公的サービスを利用せず、孤軍奮闘していた著者。ストレスによって心身が悲鳴をあげ、次第に周囲の助けを得るようになるのですが、その経過はすさまじい。母親のシモの世話までし、経済的にも追い詰められ、ついには母親に手をあげたところまで、著者は正直に記します。

「ひとり」は自由だけれど、背負うものも多くなる。単身者が増加する今、独身者の生活はロマンティックな無常感だけでは語れなくなっています。そんな中で、介護に対してあくまで論理的思考を失わない著者の姿勢は、独身者にとって救いとなるのではないでしょうか。

男が書く結婚の物語【2014年10月12日】

書店をぶらぶらしていたら、男性作家が結婚について書いた小説が、次々と目に入ってきました。結婚についてあれこれ悩むストーリーは、女性作家が得意とするところ、という印象を持っていた私は、「お？」と思って、「男が書く結婚本」を三冊手に取り、レジへ。

「男性」という共通点はあれど、年代も個性も様々な三人の作家。それぞれが結婚にはそれほど興味を持っていなさそうなイメージを私は勝手に抱いていたので、彼らが結婚をどう料理するのかが、楽しみです。

まずはその名も❶**『結婚』（橋本治著、集英社。集英社文庫にも収録）**を開けば、主人公は二十代後半の独身ＯＬ。すなわち、結婚について最も悩みがちなお年頃の女性です。

結婚について、自分は本当にしたいのかしたくないのか、するべきなのかしなくてもいいのか。……という誰もが悶々（もんもん）とする絡まった心理について、著者は静かにその絡まりをほどいていきます。女性心理が異性から冷静に客観視されることによって、「結婚したい」という気持ちの神髄は何なのかが見えてくるかのよう。

❷**白岩玄**（げん）**『未婚30』（幻冬舎）**は、マリッジブルーの物語でした。結婚の約束を交わして一緒に住んでいる、三十代の女性編集者と男性作家。しかしそこに入りこむ、「これでいいのか」という心理。既に同居もしていて、結婚する時点ではときめきもセックスも

『「結婚したい」気持ちの神髄が見えてくるよう』

❶
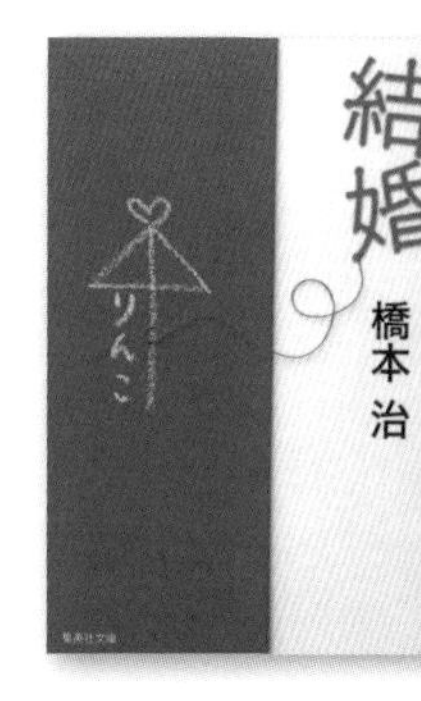

集英社文庫版

❷

❸
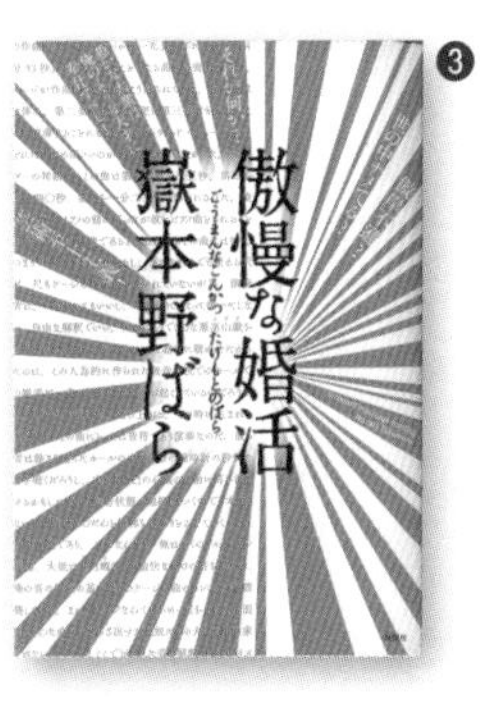

無いという新時代マリッジブルーを、ひもとくのでした。

二作とも、娘と母親の問題、お金、仕事……と、結婚にまつわるあれこれをきめ細かくすくい上げるお話だったのですが、最後に読んだ❸**嶽本野ばら『傲慢な婚活』**（**新潮社・電子書籍**）には、ぶっとびました。この本の主人公の男性は、「なぜ自分は結婚したいのか。した方がいいのか」などと悩まない。「お金が無いので結婚したい」と、婚活を開始するのです。相手に求めるものは、「二十歳ほどで大金持ちのとびきりの美少女」……。

ほとんど無職のような四十四歳の前衛音楽家が結婚に描くビジョンは、明確です。結婚にまつわる状況が複雑すぎてゲンナリしている我々にとって、あくまで自己中心的な思考を貫き通す主人公に初めはイライラ、しかし読むにつれて、なぜかすっきりした気分に。

現実離れした物語ながら、最後には結婚の本質が見えてくる本書。婚活疲れした方に、おすすめです。

「横暴な父」の存在【2014年4月13日】

向田邦子のエッセイといえば、最初のエッセイ集❶**『父の詫び状』（文春文庫）**が思い浮かびますが、久しぶりに読み返して気づいたのは、これを書いていた頃の向田邦子と今の私は、同い年ということ。

この本には、向田家の様々な想い出が記されます。向田ドラマに出て来るお父さんのように、向田家のお父さんもまた、亭主関白で癇癪持ちという、昭和の父。

そしてこの時の向田邦子と同い年の私は、そんな父のことを、ほろ苦くも優しく見る娘の視線が、わかるようになってきました。父を亡くし、そして自分は大人になったからこそ、「あの時の父」像からは、苦いだけでなく甘い香りも漂うようになるのでしょう。

それにしても昭和の父の横暴ぶりを改めて読むと、「今の時代なら、立派なDV家庭だなぁ」と思う私。今であったら、子供達もトラウマだ何だと騒ぎだすのではないでしょうか。

しかし、「父の横暴」というのは、創作意欲の源ともなり得るのではないかと思わされるのが、❷**平岡梓『倅・三島由紀夫』（文春文庫＝品切れ）**。タイトルの通り、三島由紀夫の父親によるエッセイです。

平岡家には、公威（三島の本名）少年の創作活動を、父は堂々と妨害し、母は秘かに応援するという図式がありました。公威が中学生の頃は、彼が書いた原稿を父親がせっ

『父とは外の世界へ子供を押し出す存在』

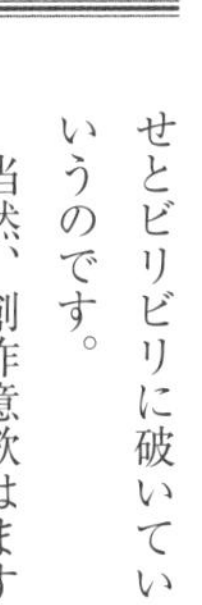

せとビリビリに破いていたというのです。

当然、創作意欲はますます燃え上がることでしょう。三島が母に深い愛を持っていたことはよく知られていますが、ほとんど奇矯と言っていいこの父の存在感もまた、作家・三島にとっては大きかったのではないかと思わされます。

❸松井今朝子『師父の遺言』（NHK出版）において、演出家の武智鉄二がどのような人であったのか、初めて理解した私。「武智歌舞伎」は話だけしか知らず、謎めいた印象だけを持っていたのです。

祇園の料亭に生まれ、幼い頃から歌舞伎界に親しみながら育った著者が、松竹勤務等を経て武智鉄二を「師父」とする経緯を描いた、これは半自叙伝的な書でもあります。弟子となった後の著者は、師父のカオス的魅力に、ひきこまれてゆくのでした。

そして著者が武智鉄二から教わったものとは、「他者との闘い」。父とはやはり、少し乱暴にでも、外の世界へと子供を押し出す存在なのでしょう。

男娼に求めるものは【2018年7月8日】

❶村山由佳『ダブル・ファンタジー』㊤㊦（文春文庫）の序章は、主人公である脚本家・奈津が、男娼（だんしょう）を自分の部屋に呼ぶところから始まります。彼女は既婚者ですが、セックスに満足することができていませんでした。彼女は、男性を「買って」でもセックスをする必要性を覚えていたのです。

　しかし彼女は、男娼とのセックスに鼻白む思いを抱いてしまいます。心も身体（からだ）も満足することはなく、彼女の性の彷徨（ほうこう）は、続いていくことに。果たしてお金を支払って性行為に及ぶことに対する、男女間の感覚の差は存在するのか……？

　生と性との密接な絡み合いを示す、この物語。男娼の登場シーンを読むと、「とうとうそんな時代に」と思う人もいるでしょう。セックスレスが問題になる時代だからこその話なのだろう、と。

　しかし身体を売る男性への需要は、昔からありました。

❷中塩智恵子『男娼』（光文社）は、男性が身体を売る行為の意外な歴史と、その仕事の実態を明らかにする書。江戸時代からその手の行為はあったし、また「ウリセンボーイ」といった同性愛者（ゲイ）向けの職業は一九八〇年代から話題になっていた、とのこと。

　ウリセンボーイの他、出張ホスト、ニューハーフヘルス等の男性達へのインタビューが載る本書。女装をするか否か、相手が女性か男性かなどで、彼らの仕事も細分化され

『満たされぬ欲求に相対することはその人の人生を知ること』

❶
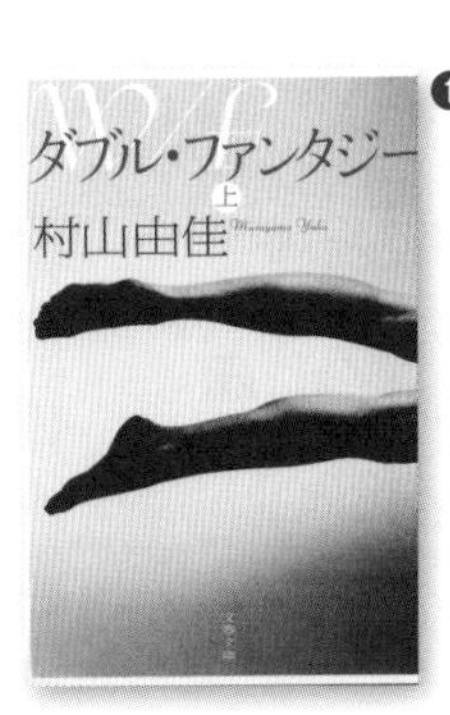

❷

❸

ています。

印象に残ったのは、自らの仕事を「カウンセラーみたいなもの」と言うセックスワーカーが、複数人いたことでした。単にセックスをするだけではない。その裏にある心の問題を彼らは解きほぐし、解き放っているのです。

『ダブル・ファンタジー』の奈津が男娼に満足できなかったのは、男性側にその自覚が無かったせいでしょう。奈津が求めていたものも、もちろん身体の満足だけではありませんでした。

❸石田衣良『娼年』（集英社文庫）は、才能豊かな男娼の物語です。無為に日々を過ごしていた二十歳の大学生・リョウが、ある女性に見込まれて始めた、男娼の仕事。彼は、女性達が秘（ひそ）かに抱く様々な欲望に寄り添う能力を持っていました。彼はやがて、自らの奥底に眠っていた過去の記憶とつながる欲求にも気づいていく……。

満たされぬ欲求に相対することは、その人の人生を知ることでもあります。男娼を求める女達（とも限らないのだが）は、身体の乾きを潤すことと同時に、自らの人生に対する認証を、最も欲しているのかもしれません。

性

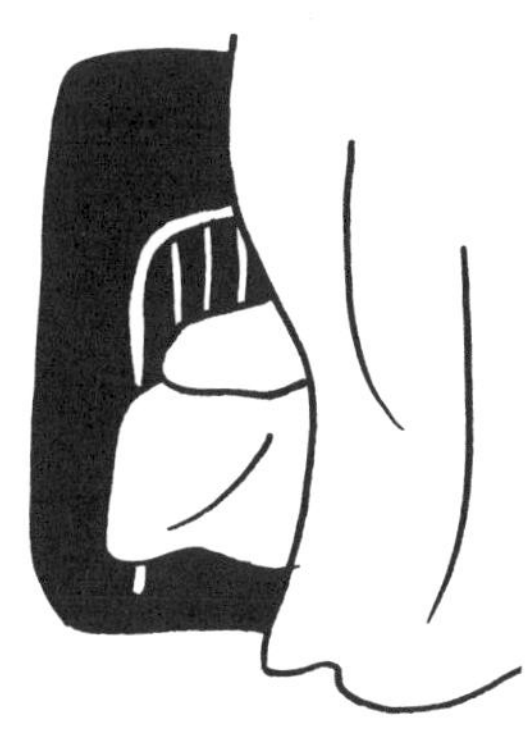

「性の解放」今昔【2018年10月14日】

❶松本清張『ゼロの焦点』（新潮文庫）は、新婚早々、夫が失踪する物語です。今読むと新鮮なのは、二十六歳の妻が結婚まで処女だった、というところでした。

見合いで結婚し、互いに敬語で話す関係の二人。新婚旅行の晩に妻は初めての経験をするのであり、不安で涙をにじませたりしています。

新婚旅行で初めての〝体験〟、という女性はかなり少ないであろう今ですが、一九五七年に連載が始まった当時は、このようなケースが多かったものと思われます。

日本女性の性に対する感覚は、その後次第に変化していきました。**❷桐野夏生『抱く女』**（新潮社。新潮文庫にも収録）は、一九七二年を生きる女子大学生の話ですが、彼女の中には、結婚までセックスをしない方がいい、という頭はありません。

新左翼やウーマンリブの活動が活発だったその時代、セックスもまた解放されていきました。本書のタイトルは「抱かれる女から抱く女へ」というリブのスローガンからきたもの。

主人公の直子は、リブにピンときているわけではありませんが、いろいろな男性と関係を持ちます。しかし陰で「公衆便所」と言われていることを知り、ショックを受ける。一夜を明かした男友達の実家では、親から「あなた、結婚前でしょう。よくこんなことができるわね。恥を知りなさい」と言われており、親世代は「結婚まで処女」が当

『セックスしようとしまいと人間の価値は左右されない』

❶

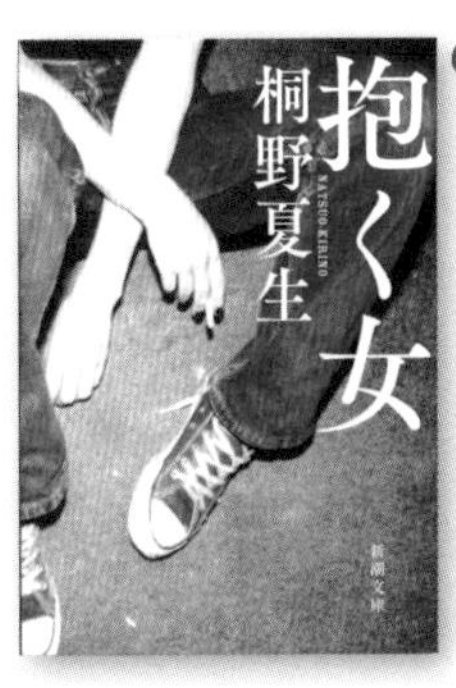

❷

❸

然の感覚だった模様……。

一九八〇年代に青春を過ごした私の世代は、「抱く女」にならねば、という意欲は持っていませんでした。が、「結婚まで処女で」という感覚もまた、持っていなかった。セックスは、誰もがするもの・したいもの、と思っていたのです。

しかし昨今、❸**『コンビニ人間』**（**文春文庫**）等の**村田沙耶香**作品に接すると、そんな感覚も変わりつつあるのかも、と思います。『コンビニ人間』の主人公は三十六歳の独身女性で、セックス経験は無く、恋愛への意欲もありません。性の解放がどん詰まりまで行った結果、「もういいや」と、折り返した人々が出てきたのではないでしょうか。

ちなみに『抱く女』の文庫解説は、村田さん。『抱く女』の時代から四十六年が経っているけれど、いまだ女は「自分の身体の価値を決める鍵を、自分ではない人に手渡してしまっている」とあります。セックスをしようとしまいと、人間の価値は左右されないというその感覚は、新たな「性の解放」なのかもしれません。

複雑な性 認める風土【2019年3月10日】

性的少数者であるLGBTへの認識が急激に深まる、ここ数年。しかし日本人はそもそも、その手のことを受け入れるセンスを昔から持っているのではないかという気も、するのです。

吉本ばななのデビュー作❶**『キッチン』**（**KADOKAWA/角川文庫**）を、大学生の時に読んだ私。家族全てを亡くして天涯孤独の身になった主人公の女子大学生が、緊急避難的に身を寄せた家の「お母さん」が実は男だった、という設定に、驚くと言うよりは「しゃれている」と思った記憶があります。

時はバブル。上下とか左右とか男女とか、物事を二極化して考えたがる人が多い中で、男とも女ともつかない「お母さん」の存在や、主人公男女の、恋であるようなないような関係性は、新鮮でした。人間の属性など簡単に揺らぐものだと気づかされて、楽になることができたのかもしれません。

橋本治のデビュー作である❷**『桃尻娘』**（**ポプラ文庫**）を読んだのは中学生の頃でしたが、そこに描かれる高校生達の生活は、おぼこい少女だった私にとって、刺激的でした。桃尻娘こと榊原玲奈は、特に好きでもない男と、初めてのセックス。

「高校生っていえば、〝お勉強〟しかなくって、女の子っていえば〝純潔〟しかなくって、どうしてそんなつまんないものしかあたしにはないの？」

といった、「その通り！」

『人間の属性など簡単に揺らぐもの』

と言いたくなる台詞を書いているのが男性ということにも、中学生読者はわくわくしたものです。

玲奈の仲良しの木川田源一は、オカマの源ちゃん、略して「カマゲン」と言われていて、自分がゲイであることをしっかり認識しています。そんな彼のセクシュアル・ライフの複雑さにも胸を躍らせたけれど、しかしそれは中学生にも納得可能な物語。「そういうことも、あるのでしょうね」と思っていました。

『桃尻娘』が受け入れられたのは、私達が弥次さん喜多さんを愛する国に生きているせいなのかもしれません。❸十返舎一九『東海道中膝栗毛』㊤㊦(岩波文庫)は、仲良し二人の珍道中ですが、彼らは単なる友人ではなく、元はといえば同性愛のお相手同士なのですから。

同性でも、異性でも。夫婦であっても、なくても。そんな微妙な関係性を肯定する空気が、日本には昔からありました。定められた枠組みにはまることに疲れた時に弥次さんや喜多さん、そして玲奈や源ちゃんの物語を読めば、枠組みなどは意外に脆い、という解放感に包まれます。

性の境界、ギリギリを歩む【2015年7月12日】

七月の歌舞伎座で、坂東玉三郎の舞台を観ました。歌舞伎界の中で、美しさと共に不吉さを感じさせる人はこの人しかいないのでは……と思わせるその舞台。余韻とともに❶**渡辺保『女形の運命』**（**岩波現代文庫＝品切れ**）を読み返しました。

六世中村歌右衛門について記した本書。歌右衛門の舞台を観たことがない私は、「江戸歌舞伎の空気を現代に伝えた名女形」のイメージを持っていました。が、実際の歌右衛門は極めて近代的な、そして近代的であったがために孤独な存在であったことが、本書には記されています。歌右衛門が生まれた環境と時代を詳らかにすることによって、歌右衛門の特殊さが、浮かび上がるのです。

四十年ほど前に書かれたこの本には、若き日の玉三郎についても記されますが、歌右衛門よりもかえって玉三郎の方が、近代化に抗う人なのかも。トランスジェンダーの存在も当たり前になってきた今、玉三郎が醸し出す不吉な美しさは、江戸歌舞伎的女形の最後の炎なのかもしれません。

阪急グループ創業者の小林一三は、明らかに歌舞伎を意識して、宝塚歌劇団を作りました。歌舞伎と宝塚は、いわばポジとネガの関係。歌舞伎の女形と同じ不吉なほどの美を宝塚の男役はまとうのであり、それを描いた小説が、❷**中山可穂『男役』**（**KADOKAWA／角川文庫**）。宝塚大劇場に棲むという、伝説の男装の麗

『男女の境目は曖昧であるが深い』

❶

❷

❸

人。それに認められた者は、必ずトップの座に就く……。

宝塚という閉ざされた空間は、女性と女性の間に特別な感情を育みます。それは一時の激情でなく、時を超えるものであることを、この物語は証明しようとしているのでした。

性の境目が曖昧化する今の日本ですが、そのような現象は日本史上珍しいものではないことを記すのは、❸**白洲正子『両性具有の美』（新潮文庫）**。正子がこのテーマを好むのは、自身が能の演者であったからのようです。能の演者は、面ひとつで軽々と性別を超えるのですから。

が、正子は五十年舞い続けた時、性を超える困難さを突然理解。「ふっつり舞うことをあきらめ」て、「扇を筆に持ちかえた」のでした。

能を通じて、男女の境目が曖昧であることも、しかしその境目がどんなに深いものであるかも知っていた、白洲正子。芸能とは、男女の境目を飛び越えてみたいと願った人々にとって、救いの場であり、また挑戦の場なのかもしれません。

じっと我が手を見る【2013年8月11日】

異性の指が気になって仕方がありません。それは私だけではないらしく、「私はほっそりした指の男性が好き」「私は太い方が」と言う女性は多い。

なぜなのか、という疑問が氷解した気がしたのは、**竹内久美子**さんの『女は男の指を見る』（新潮新書）を読んでから。指と生殖器は、同じHox遺伝子というものによって形づくられているというのです。❶**『指からわかる男の能力と病』**（講談社＋α新書）はその続編であり、男性の様々な特性と指の関係に膝を打ちます（なぜ男だけか、については本書を参考のこと）。

形状においても指と男性生殖器は相関性があるよねぇ、などと下世話なことをつい考えてしまう私は、足つぼマッサージにおいて足指を一本ずつさすられる時も、あまりの気持ち良さに「男性の快感って、こんな感じ？」と考えてしまうのです。そして指の快感に耽溺しながら、この気持ち良さは❷**松浦理英子『親指Pの修業時代』**㊤㊦（河出文庫）の影響なのか、と思うのでした。

ある朝突然に、右足の親指がペニス状になっていた、という女性が主人公のこの物語。女性でありながら男性生殖器様のものを持つことによって、彼女の中での性に対する意識は、ゆらぎます。人々が親指Pに対してどう接するかを通して、性に対して人がどのような感覚を持っているのかも、透けて見えることになる。

#『指はエロスと関係の深い部位』

　そこで問いただされるのは、自分自身の性に対する意識です。性は、そして男と女はこうあるべきだ、という固定概念は、無いつもりでいてもしっかりと自分の中にあることを、親指Pが気づかせてくれるのでした。

　そして指小説の古典といったら、何と言っても❸**川端康成『雪国』（新潮文庫）**でしょう。関係を持った雪国の女・駒子を再訪する、東京の男。彼は左手の人さし指を眺めながら、「結局この指だけが、これから会いに行く女をなまなましく覚えている」などと思うのです。

　指と生殖器の大本には同じ遺伝子が、などと知るずっと前から、指はエロスと関係の深い部位ということに、人は気づいていたことでしょう。してみると「こいつが一番よく君を覚えていたよ」と男が駒子に指を突きつける『雪国』のシーンのエロさには、色々な意味が含まれるのだろうなあ……と、じっと我が手を見るのです。

アンネの「甘美な秘密」【2019年8月11日】

女性の生理、すなわち月経についてカジュアルに語られる機会が増えてきたのは、マンガ❶**小山健『生理ちゃん』**（**KADOKAWA**）の功績が大きいでしょう。月に一度の現象を「生理ちゃん」というキャラ化する手法は、作者が生理の当事者ではない（＝男）からこそ編み出すことができたのではないか。

『生理ちゃん2日目』（同）でも、生理ちゃんはヌーっと顔を出し、中学生やアイドルやらに生理パンチ（＝生理痛）をお見舞いしたり、悩みを聞いてあげたり。やがてほろりとさせられるストーリーは、女性達には生理に対する愛着を、男性に対しては生理に対する理解をもたらします。

「生理ちゃん、来た！」と言えば、生理に漂いがちな湿っぽさも軽減されようというもの。同じように、かつてそれが「アンネの日」と呼ばれた時代がありました。

❷**田中ひかる『生理用品の社会史』**（**KADOKAWA／角川ソフィア文庫**）は、日本女性が古来、生理をどのように扱ってきたかをひもとく書。古い布や脱脂綿などを使用し、不便で不快で不潔な生理期間を過ごさなくてはならなかった日本女性に転機をもたらしたのは、一九六一年に「アンネナプキン」を開発した一人の若い女性でした。それは、女性自身が生理を「自分のこと」として扱う第一歩となったのです。

その女性、坂井泰子（よしこ）がいかにして生理用ナプキンを世に

『可能性をもたらすひとつの現象が生理だった』

❶

©小山健／KADOKAWA

❷
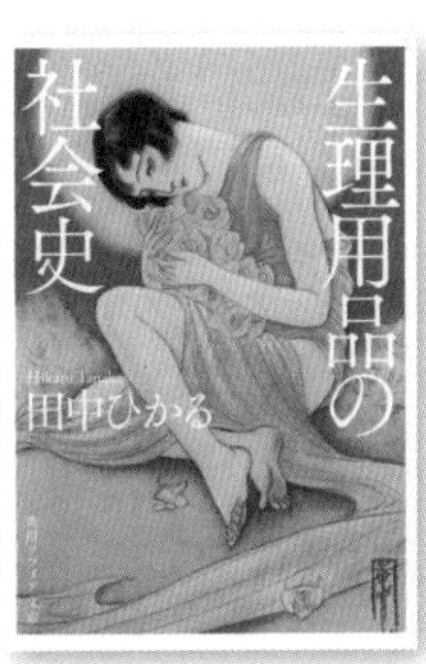

❸

送り出したかが、本書には詳しく描かれます。生理に対する暗いイメージを払拭するべく、「アンネ」というネーミングを提案したのも、泰子でした。当初はその名前に反対した周囲の男性達は、泰子から渡された『アンネの日記』を読み、アンネが生理をどう捉えていたかを知って一転、賛成に回るのです。

ナチスの目から逃れるため、オランダ・アムステルダムの隠れ家で生活を始めたのは、アンネが十三歳の時。❸**アンネ・フランク著『アンネの日記　増補新訂版』（深町眞理子訳、文藝春秋。文春文庫にも収録）**では、初潮について「始まるのが待ち遠しくてなりません」と書いています。

初潮を迎えた後は、それが「面倒くさいし、不愉快だし、鬱陶しいのにもかかわらず、甘美な秘密を持っているような気がします」と書くアンネ。彼女は自分の身体と心が変わることを恐れません。

常に恐怖と緊張を強いられながらも、アンネは未来へつながる自分の可能性を信じました。限られた空間の中で、彼女に「可能性」をもたらしたひとつの現象が生理だったのであり、毎月それが訪れる度に彼女の胸には希望の灯がともったのではないかと、私は思います。

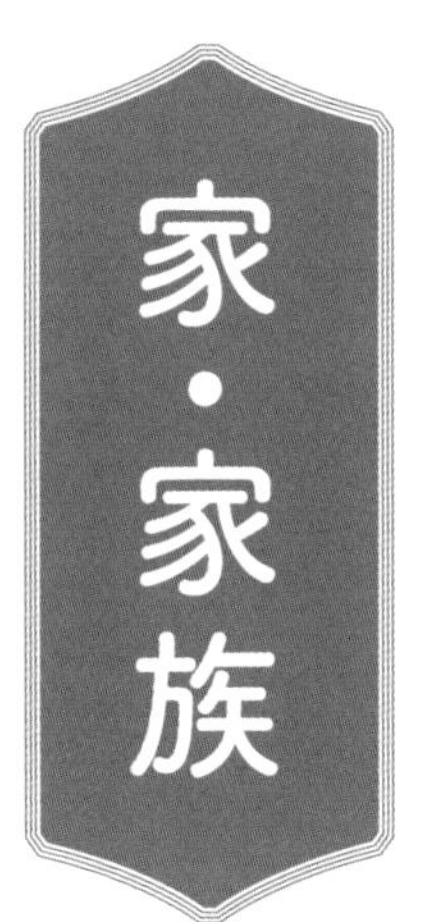
家・家族

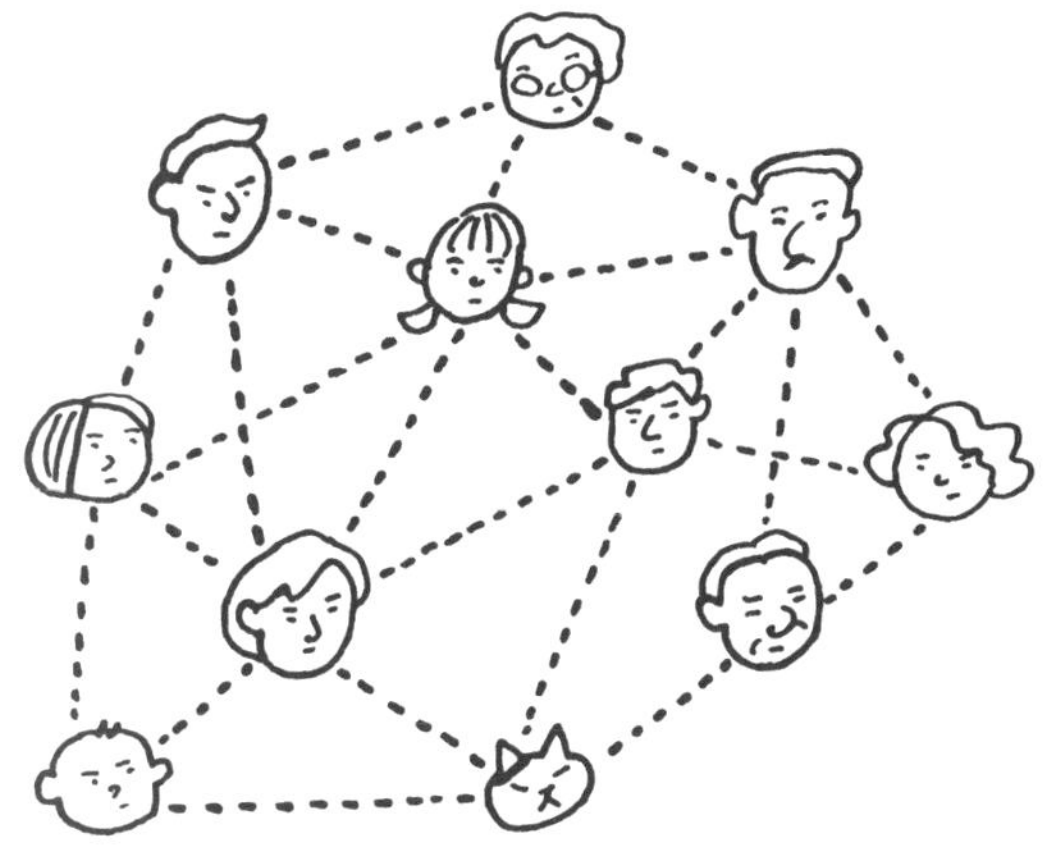

家を離れることの意味【2014年11月9日】

★2014年10～12月、世田谷文学館で作家・水上勉さんの企画展が開かれた

世田谷文学館で、「水上勉のハローワーク　働くことと生きること」という展示を見ました。**水上勉**は十歳の時、京都の寺に修行僧として入ったことを皮切りに、実にたくさんの職業を経験した人なのです。

水上が寺に入ったのは、自らの意志と言うよりは、口減らしのため。覚悟の〝出家〟ではなく、仕方なしに若狭の家を出たのです。

その哀切が描かれたのが、「雁の寺」（❶**『雁の寺・越前竹人形』**＝**新潮文庫に収録**）。この作品で水上は直木賞を受賞しました。

親元を離れなくてはならなかった少年は、京都の寺で心の中にどろりとしたものを溜め込んでいきます。そして最後に起こる、ある事件。家を離れたことが作者にとってどれほど大きな意味を持っていたかを示す一冊です。

水上が若い時代、農村においては、長男しか田畑を継ぐことができないため、次・三男は家を出ざるを得ませんでした。対して今の若者は、涙や熱気を伴うことなく、〝何気に〟上京しているのだそう。

❷**難波功士『人はなぜ〈上京〉するのか』（日経プレミアシリーズ）**は、鷗外・漱石の時代から現代に至るまで、上京してきた日本人達の理由と心理とを追っています。青雲の志、悲壮感、寂寞。上京には様々な感情が伴いますが、今の若者はサラッとライトに「ジョーキョー」しているのでした。

『家を出ることでしか得られないものがある』

その背景にあるのは、情報化や地元志向。悲壮感なく上京・帰郷する人々の増加が、「地方を元気に」という動きにつながっていくのでしょうか。

『きょうの猫村さん』でお馴（な）染（じ）みの、**ほしよりこ**さんが描いた長編コミック❸**『逢沢りく』㊤㊦（文藝春秋）**もまた、「家を出る」話です。しかしこの物語で家を出るのは、まだ中学生の女の子なのでした。

主人公である逢沢りくは、東京の中学生。父親には愛人、そして母親との関係は微妙。微妙さがこじれた結果、りくは関西の親戚の家に預けられることになったのです。

関西弁が大嫌いなりくちゃんは、濃厚な関西弁ファミリーの只中（ただなか）に一人、置かれてしまい、最初は強烈な拒否反応を示すのでした。しかし次第に変化が生じて……。

家を出ると、慣れない環境に人は苦しみます。しかし、アウェイの地でもがくことによって、人は変わっていくのでした。家を出ることでしか得られないものがあることを、「家を出る」本は示しています。

家族に代わるつながり【2018年3月11日】

★2017年9〜10月、さいたまゴールド・シアターによる「薄い桃色のかたまり」が上演された

昨年、「薄い桃色のかたまり」をさいたま芸術劇場で観て、涙した私。蜷川幸雄がつくった高齢者の劇団であるさいたまゴールド・シアターのために岩松了が書き下ろしたのは、震災後の福島を思わせる地が舞台の物語でした。

復興のため、線路を自主的に工事する高齢者達。「復興本社」の男。恋人を探す若い女。……それぞれの不安や迷いは、直截的には表現されず、猪の姿に託されていました。

猪に翻弄されつつも、物語の最後に彼らが見るのは、「薄い桃色」でした。高齢者から、次の世代へとつながっていくぼんやりとした希望が託されたのは、桜の花。戯曲**❶岩松了『薄い桃色のかたまり／少女ミウ』**（白水社）を読むことによって私は、桃色がもたらす希望を、追体験することとなったのです。

世代のつながりは、血縁関係においてのみ見られるものではありません。特に震災後、肉親以外の疑似「家族」関係は注目されています。❷**矢部太郎『大家さんと僕』**（新潮社）は、お笑い芸人の著者と、著者が住む部屋の大家さんである八十代後半のおばあさんとの友情漫画（実話）。

上品な老婦人である大家さんと、若い女の子はあまり得意ではない著者は、ウマが合います。互いに助け合い、時には旅行まで一緒に出かけるようになるのでした。

二人の関係は、実の祖母と孫だったらこうはうまくいくまい、と思われるもの。大家

『互いに遠慮のある関係だからこそ成立する友情がある』

と店子（たなこ）という、互いに遠慮のある関係だからこそ成立する友情ではないでしょうか。「大家といえば親も同然」だったという落語の世界的な関係性を思わせるお話でありつつ、その背景にあるのは現代社会における単身世帯の多さ。そんな中で二人は、新しいカップリングによる「家族」の可能性を、示すのです。

❸木村紅美（くみ）『雪子さんの足音』（**講談社**）もまた、大家と店子の物語です。若い店子達を食事に招いたり、お小遣いをあげたりする、大家の雪子さん。しかし雪子さんの店子達に対する愛は次第に過剰になり、その愛を受け入れる人もいる一方で、気持ち悪さを感じる人も出てくるのでした。そして雪子さんの過剰な愛に若者は、次第に実の子供のように慣れていく……。

都会であるからこそ成立する、一人の生活。しかしその生活は、都会であるからこそ、寂しい。世代を超えた他人同士の愛は、そう簡単にマッチングするものでも、なさそうなのでした。

斜め上にいる人々【２０１８年６月10日】

「君たちはどう生きるか」では、コペル君を導くのが叔父さんであるという部分がポイントだと、テレビで池上彰さんが言っていました。親子という上下関係でなく、叔父という斜めからの視点が子供の気持ちを開かせる、と。

　二〇一一年に刊行された❶**海野弘『おじさん・おばさん論』**（幻戯書房）は、おじ・おばが描かれる文学作品を通して、その役割を見つめる本。親子の関係が垂直的であるのに対して、おじ・おばと甥・姪の関係は、「上下関係からずれて斜線的」と、指摘されます。おじ・おばは「家族というインナー・サークルと外部との境界にいる」という意味で、「他者のはじまり」なのだ、とも。

　寅さんにしてもそうですが、おじ・おばはしばしば、頼りにならない存在として、様々な作品の中で描かれます。たとえば一九五九年に刊行された❷**レーモン・クノー『地下鉄のザジ』**（生田耕作訳、中公文庫）は、パリにいる伯父さんの所に来た少女・ザジの二日間を描いた物語。

★吉野源三郎が１９３７年に発表した小説「君たちはどう生きるか」は２０１７年に漫画化され、翌年には２００万部を突破した

　何かにつけて「けつ喰らえ」と言い捨てるザジは、とんだはねっかえり娘ですが、伯父さんの方も一筋縄にはいきません。夜警の仕事に就いていると言いつつ、本当はゲイキャバレーで女装して「白鳥の死」を踊っているのです。

　様々な騒動に巻き込まれながら、あっという間に過ぎるパリでの二日間。パリという大都会と、伯父さんという謎

『おじ・おばは甥・姪に逃げ場を与える存在なのかもしれない』

❶

❷

❸

の大人が抱く混沌と不条理を、ザジはたっぷりと吸収して、田舎に帰っていくのでした。

❸マリリン・ロビンソン『ハウスキーピング』（篠森ゆりこ訳、河出書房新社）は、アメリカのとある湖畔の町が舞台。両親を失った姉妹が、やがて叔母と共に住むようになります。

叔母は、目に見えるものにとらわれる人ではありませんでした。しかし姉妹のうちの妹は、年頃になるにつれて目に見えるものの世界に惹かれるようになり、叔母のもとを離れます。対して姉は、叔母と響き合う心を持っていたのであり、二人は二人だけのやり方で、暮らしていくように。

しかしそれは、世間のルールには合わないやり方でした。二人の間につむがれる独特な時間は、世間と対峙していくことになり……。

おじ・おばは、甥・姪に逃げ場を与える存在なのかもしれません。それが世間から見て正しくないやり方であっても、おじ・おば的な世界は必要とされ続けることを、おじ・おば文学は伝えます。

家族の歴史を調べてみたら【2015年11月8日】

　ノンフィクション作家の**星野博美**さんは、東京・品川で町工場を営む家に生まれました。工場を始めたお祖父（じい）さんは、外房は岩和田の漁師の六男で、生地での屋号は「コンニャク屋」。親戚の葬儀で、コンニャク屋について知りたいという欲求が星野さんの中で生まれたことがきっかけで記されたのが❶**『コンニャク屋漂流記』**（文春文庫）です。

　遠い祖先は、紀州から外房へとやってきた漁師だったということで、星野さんは房総へ、そして紀州へ。お祖父さんの手記や古い墓石に刻まれた文字を手がかりとして、一族の匂いを確かめるかのように、歩き続けます。大きな発見を求めてと言うよりは、旅をする中で、自分が連なるものは何なのかを見極めていく過程に、親戚でなくともわくわくさせられるのです。

　人は、「終わりが近づいている時」に家族の歴史を調べたり伝えたりしたくなるのだという指摘に、どきりとした私。星野家も絶えようとしているからこそ、自分はルーツをたどる……という著者の自覚が、潔く感じられました。

　中野翠（みどり）さんが自らのルーツについてお書きになる、というのも意外な感じがしたのですが、そこにも星野さんと共通する思いがあるのかもしれません。❷**『いちまき――ある家老の娘の物語』**（新潮社）は、下総・関宿（せきやど）藩の家老の娘であった中野さんの曽祖母の手記に端を発した一冊。関宿藩の佐幕派であったことから、一族が藩を追われて逃避

『人は終わりが近づくと家族の歴史を調べたくなる』

❶

❷

❸

行……といったスリリングな歴史が、掘り起こされます。

　自分が、何においても敗者側へ共感を抱きがちなのはそのせいなのではないか、とルーツから読み解く著者。縁ある地を訪ね、偶然の出会いを重ねる様は楽しそうなのであり、ルーツ探訪欲求が湧いてきました。

　❸小熊英二『生きて帰ってきた男――ある日本兵の戦争と戦後』（岩波新書）は、ルーツを探る本ではなく、著者のお父さんの一生を聞き書きした書。そこに親子関係の生々しさは感じられず、シベリア抑留、結核での療養を経て高度経済成長期を生き抜いてきた男性の人生を、一サンプルとして客観的にひもといていきます。

　話す側にも聞く側にも淡々とした姿勢が感じられる、本書。一人の男性の人生を知ることによって、その時代がよくわかる仕組みになっています。著者のお父さんは有名人ではありませんが、特別なことは何ら無い、けれど真摯（しんし）に生きてきた人がこの国をつくってきたという事実が、響いてくるのでした。

子や孫へ受け継がれ【2019年10月13日】

親も子も文筆家、というケースは多いものです。書く才能は遺伝しやすいのか、多くの本に接する環境がそうさせるのか。

❶青木玉『小石川の家』（**講談社文庫**）は、幸田露伴の孫、そして幸田文の娘である青木玉による、名エッセイ。離婚した文が玉を連れて露伴のもとに戻った後の、小石川での日々を描きます。

まだ子供の玉にも容赦のない、露伴と文のしつけ。そんな中からにじむ家族の情愛を書く筆致からは、幸田家の中で受け継がれた書くことの才が、確実に香り立ちます。

露伴は食べ物にもうるさく、文が細心の注意を払って食事をあつらえる様子は、まるで戦のよう。そんな食に対する心配りもまた、家族で共有されていくのです。

共に料理の世界で活躍する親子が世に多いのも、だからなのでしょう。親の味のみならず、食に対する姿勢そのものが、子には受け継がれていくのです。

❷辰巳浜子・辰巳芳子『新版　娘につたえる私の味』全二巻（**文春新書**）は、母・浜子が残した昭和の料理書の名著に、娘の芳子が注釈を加えた一冊。一月から十二月まで、季節や行事に応じた料理が紹介されています。

料理の根底にあるのは、家族を思う気持ち。美味しく、安全で、栄養価の高いものを家族に食べさせたいという心が全ての献立から感じられ、そこには「手抜き」という概念はありません。娘・芳子も

『受け継がれているのは技術ではなく、心の持ちよう』

また「いのちのスープ」などが知られる料理家ですが、まさにこの母にして、この娘あり。

今どきの働く母達には難しそうな手の込んだ献立もあれど、「家族を守る」という気概が迫るこの料理集。母の料理を解説する芳子の筆が、いっそう料理を引き立てます。

❸志村ふくみ・志村洋子・志村昌司（しょうじ）『夢もまた青し―志村の色と言葉』（河出書房新社）は、草木染の染織家である祖母、娘、孫による共著です。染織の道への入り方はそれぞれ違っても、目指す先はひとつ。そして言葉で思いを表現する術（すべ）もまた、親子代々受け継がれているのでした。

時にはライバルのようにもなる、親と子。その緊張感を失わない関係が、「志村の色」をつないでいるようです。

親子が同じ道を歩む一家の話を読んでいると、そこに受け継がれているのは、文章や料理や染織の技術ではなく、心の持ちようであることがわかります。おそらくそれは、普通の家でも同じこと。我々もまた、見えない何かを親から渡されて、今ここにいるのでしょう。

天皇という存在【2019年11月10日】

伝統にのっとって行われたという、即位の礼。それは、天皇家の古い歴史を印象づける行事でした。

しかし天皇は、常に安定した存在であったわけではありません。天皇の立場は、時代によって変化を続けてきたのです。

坂口安吾は敗戦後、❶**『堕落論』**（**新潮文庫**）の中で、「天皇の尊厳というものは常に利用者の道具にすぎず、真に実在したためしはなかった」と書いています。藤原氏や将軍家は、「自分の欲するところを天皇の名に於て行い、自分が先ずまっさきにその号令に服してみせる」ことによって、自身の号令を人民に響かせた、と。戦争に負け、天皇が神から人になった直後の日本人は、天皇の近くにいる人が誰かということに、意識的にならざるを得なかったことでしょう。

❷**倉本一宏『平安朝　皇位継承の闇』**（**KADOKAWA／角川選書**）では、平安時代、常軌を逸した行動があったとして皇位を追われた天皇達の真実の姿を探ります。宮中で人を殺したとされる陽成天皇、数々の異常な行動をとったと言われる冷泉天皇など、平安時代には狂気と共に語られた天皇達がいました。

しかしその背景を見ると、天皇に皇位を継がせたくなかった勢力が狂気の説話を作り出したという疑惑が生じます。権力を欲する人々が邪魔な天皇を追いやり、自分達にとって都合のよい皇統を立てようとしていたのです。

★2019年10月22日、現天皇の即位の礼が行われた

#『天皇の立場は時代によって変化を続けてきた』

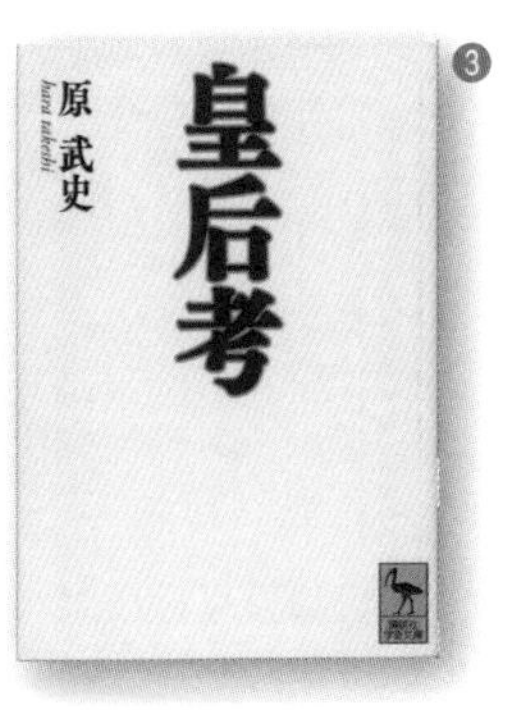

平安時代に天皇の近くに存在し、その運命を左右したのは摂関家すなわち藤原家でしたが、天皇の命運を握る存在は時代によって変化します。

❸原武史『皇后考』（講談社学術文庫）を読んでいて、天皇に影響を与えるのは摂関家や将軍だけではなく、皇室というイエの内部にも存在し得るのでは、という気がしてきました。

本書で主に取り上げられるのは、大正天皇の妻である貞明皇后。皇室に入り、強い信念と共に独特な存在感を持ち続けた貞明皇后が夫や息子に及ぼそうとした影響を、ひもといていきます。

皇室の外から入ってきた人である、皇后。一般家庭でも、婚家に同化すべくヨメがもがくうちに、時に夫以上にそのイエに力を及ぼす存在になっていることがありますが、貞明皇后もまたそのような存在であろうとしていました。

テレビが普及し視覚の時代となって以降、さらに皇后の力は強まっているとする著者。令和の天皇には、誰からどのような力が及ぼされるのかと、昔ながらの装束に身を包んだ新天皇を眺めつつ、考えたことでした。

耐えてこそ気付く愛【2021年5月8日】

弟子を持つということは、部下を持つよりも覚悟のいることなのではないか。……と、弟子はもちろん部下も持ったことがないものの、思う私。部下は仕事上の関係だけれど、師匠は弟子の人生ごと預かる立場であるからこそ、両者の間には、より複雑な関係が生まれるのでしょう。

❶立川談春『赤めだか』（扶桑社文庫）は、師匠・立川談志に対する弟子の愛を筆に託した一冊です。師匠への思いの熱さでは人後に落ちない、との自負を持つ弟子達が集まる立川流。師匠の暴言・暴挙・無理難題に翻弄されながらも食らいついていく弟子達の青春群像に、ニヤリとしたりホロリとしたり……。

天才である師匠に惚れ抜いた弟子達の、幸と不幸のコントラストが鮮やかな本書は、師弟ものの名著です。有無を言わさぬ上下関係がもたらす理不尽の裏側には、濃密な物語が隠れているのでした。

今、師匠が弟子に理不尽を押し付けたならば、すぐ「○○ハラ」と訴えられるでしょう。が、かつてはそんな理不尽までも「芸」のうち、という人がいたのです。

❷平山三郎『実歴 阿房列車先生』（中公文庫）は、内田百閒の「阿房列車」の旅に常に同行した著者による、百閒の言動録。「阿房列車」ではは「ヒマラヤ山系」としてお馴染みの著者は、国鉄職員でありつつ百閒の弟子筋でもありました。

百閒のわがままや偏屈ぶりを、いつも「はあ」と受け流

『人生ごと預かるからこそ、師弟は複雑な関係』

❶

❷

❸

す能力を持っているのが、ヒマラヤ山系。百閒&山系というコンビがあってこそ「阿房列車」は成立し、平山氏は阿房列車の旅のみならず、百閒の人生にも伴走したのです。

　収録される「枕辺のシャムパン」は、百閒が最期に残した「シャムパン」を氏が飲んだ時のことを書いたエッセイ。師の万年筆を拝借して書いたというこの原稿、「この僭越が許されることが私にはまだ本当のことと思えない」との一文に、師を亡くした弟子の情がこもります。

　❸野澤亘伸『師弟』（光文社文庫）は、杉本昌隆八段と弟子の藤井聡太二冠をはじめとし、今の将棋界における師匠と弟子の関係に光を当てた書。今時の師匠達は皆、弟子に優しく、弟子から「師匠の考え方は古い」などと言われても怒らないし、弟子を守り、その能力を伸ばすように苦心しているのでした。

　勝負に集中するために弟子を取らない棋士もいる中、弟子を取る棋士達は、将棋界の未来のためにと、若手を育みます。師弟であると同時にライバルでもあり、師弟で対局をもしなくてはならない彼ら。弟子が師匠に勝つことが「恩返し」と言われる世界の、厳しくも美しい師弟関係が滲むのでした。

作家

追いかけて、見えぬ背中【2017年3月12日】

こういうエッセイは、何度人生を繰り返そうと、私には書けない。……といつも思うのは、武田百合子、佐野洋子、伊藤比呂美のお三方。どれだけ追いかけても、その背中が見えそうな気が全くしないのです。

私が最初に出会ったのは、❶**武田百合子『富士日記』**㊤㊥㊦**（中公文庫）**でした。夫・泰淳（たいじゅん）と、富士の山荘へと通う日々の記録であり、行動や食べた物などが詳細に記されているのですが、その中にさし挟まれるのが、取りつくろうことのない百合子の視線と言葉。他人の生活が丹念に記されているだけなのに、いつまでも読んでいたくなるのです。

佐野洋子さんについては、エッセイを読んだのが先か『100万回生きたねこ』を読んだのが先か、記憶が定かではありません。ニヤニヤ笑いながらそのエッセイを読みつつ、読後にいつも残るのは、何かの本質に触れた感覚でした。

二〇一〇年に亡くなられた後に発見された作品が、❷**『私の息子はサルだった』（新潮文庫）**。久しぶりに佐野作品を読み、私はやはり笑って、少し泣いたのです。

❸**『切腹考』（文藝春秋）**は**伊藤比呂美**さんの最新作。かつて切腹を見た経験を持つ、著者。切腹と森鷗外（おうがい）、夫の死と熊本地震。……著者の周囲をとりまくものが、この本の中でねばつきながらつながります。血やら尿やらといった有機的な臭いが漂ってくるかの

『文章に無駄な衣服を着せないで、体温をもって迫ってくる』

❶

❷

❸

ようで、自分が生身の人間であることを思い起こした私。

　そういえば武田、佐野、伊藤に共通するものは、この「生身」感なのです。文章に無駄な衣服を着せないので、こちらに体温をもって迫ってくる、というか。

『切腹考』において私が「あっ」と思ったのは、著者が書くのはエッセイではない、というところ。著者の肩書は詩人だけれど、「所謂(いわゆる)行分けの現代詩ならもうずいぶん書かない」。しかし、書いている全てのものが詩である、と。

　今まで読んできた伊藤作品もエッセイではなかったのか！　と、今さら気づいた私。そうしてみると、武田作品も佐野作品もまた、私が「エッセイだ」と思い込んでいただけで、カテゴライズできない他の何かだったのかもしれません。

　追いかけても背中が見えないのは、当たり前だった。だってそれは全く別の道だったのだから。……と思うと、少し気が楽になるのであり、遠くからお三方の姿を仰ぎ見るのでした。

女性作家を捉える文楽【2012年8月12日】

★2012年、当時の橋下徹大阪市長が文楽協会への補助金を見直す方針を打ち出した

文楽ものにハズレ無し、と思っている私。文楽を題材にした小説、特に女性作家によるそれは、必ず面白いのです。それは文楽という芸能が持つ魔力のせいなのか、それとも才能ある女性作家が文楽に惹かれるからなのか……。ということで今回は、女性作家による文楽小説について。

生まれた順で紹介していきますと、まずは❶**瀬戸内晴美**（晴美時代です）『**恋川**』（**KADOKAWA／角川文庫＝品切れ**）。現在は古本で入手しなくてはならないのが残念ですが、これは、明治生まれの人形遣いである桐竹紋十郎の人生を小説化したもの。

人形と、そして生身の女性とを愛し抜いた紋十郎の一生は、したたるような色気に満ちています。人形遣いという仕事の特別な湿り気と、瀬戸内晴美の世界とが、ぴったりと合っています。

❷**有吉佐和子**『**一の糸**』（**新潮文庫**）は、文楽の三味線弾きと運命的に結ばれたその妻・茜が主人公。三味線弾きと、義太夫を語る大夫は夫婦にも例えられる関係であるわけですが、実生活上での夫婦の関係と、文楽での夫婦関係とが、時に接近し、時に離れゆく様が、せつなくそして美しい。

❸**三浦しをん**『**仏果を得ず**』（**双葉文庫**）の主人公は、大夫です。ぐっと若い作家だけあって、軽やかな筆致で文楽の世界を語りますが、軽やかな筆致をもって文楽のねっとりとした魅力を確実に捉えているのは、さすが当代の名

『文楽は女性の気持ちを捉えて離さぬ力を持つ』

手。ここでも物語の核となるのは、大夫と三味線弾きの関係なのですが、『一の糸』とは全く違う、現代ならではの展開が……。

各時代の超人気女性作家が、それぞれ文楽の世界を小説にしているのを見ると、文楽はある種の女性の気持ちを捉えて離さぬ力を持つことに気づきます。生身の男性が演じる歌舞伎と比べて文楽は、人形が演じる分、女性が自分を投影……を通り越して芝居の中に入り込むことができるせいなのか。

文楽では、人形遣い、三味線、大夫のことを「三業」と言いますが、瀬戸内作品では人形遣い、有吉作品では三味線、そして三浦作品では大夫と、はからずも時代を超えた女性作家達が、三業それぞれの世界を、たっぷりと描いているのでした。この三作品を読んだら、文楽への補助金を減らすとか減らさないとか言っている文楽本拠地の市長も、きっと文楽の魅力を理解してくれるに違いないのになぁ……。

向田邦子の視線【2020年2月9日】

★脚本家で直木賞作家の向田邦子さん（1929〜81年）は旅先の飛行機事故で51歳で亡くなった

向田邦子は、生きていたら九十歳。世を去ってから早や四十年近くの年月が経とうとしていますが、存在感は薄れません。

❶**向田邦子『向田邦子の本棚』**（**河出書房新社**）は、その蔵書を紹介しつつ、単行本未収録のエッセイや対談を収めた書。どんな本を読むかは、その人の個性を如実に表しますが、例えば「食いしん坊に贈る一〇〇冊の本」のリストを見れば、美味しいものを愛した向田の、食のセンスが伝わるかのよう。

古典の蔵書も多かったようですが、意外だったのは❷**向田邦子『隣りの女』**（**文春文庫**）のベースとなったのが、井原西鶴の「好色五人女」であった、という事実でした。テレビドラマ版は「隣りの女〜現代西鶴物語」だったそうなのです。

『隣りの女』の主人公である主婦・サチ子は、アパートの隣の部屋でスナックのママが心中騒ぎを起こした時、テレビ取材のマイクを向けられています。そこで興奮気味に「好色五人女」に触れ、

「浮気したり、心中したり、ああいう思い切ったことしたひとの隣りにも、普通のごく普通の女が住んでて、びっくりしたと思いますよ、あたしみたいに」

と口走るのでした。向田邦子は『隣りの女』で、「劇的に生きたいと願いながら、平凡に生きた女達」を描きましたが、しかしサチ子はそれから隣人の劇的な人生に巻き込まれるかのように、平凡な生

『世の隅っこで小さな幸や不幸をかみしめて生きる人々へ』

❶

❷

❸

活から一歩、逸(そ)れていくことになって……。

❸井原西鶴『新版　好色五人女　現代語訳付き』（谷脇理史訳、KADOKAWA／角川ソフィア文庫）には、当時の実話を元にした五つのスキャンダルが描かれています。有名な八百屋お七は、恋に突っ走った少女。歌舞伎「大経師昔暦(だいきょうじむかしごよみ)」にも描かれたのは、暦屋の女房・おさんの姦通(かんつう)話です。

ふとした過ちを犯してしまったせいで、人生が予期せぬ方へと向かう女性達がここには登場するのですが、しかし向田邦子は、スキャンダルの主人公ではなく、その「隣りの女」を、見ていました。スキャンダルの現場の近くにいて、興奮しながらワイドショーの取材を受けてしまうような女が、江戸時代にもいたであろう、と。

この視線は、向田作品に共通したものかもしれません。スポットライトを浴びるヒロイン・ヒーローではなく、世の隅っこで小さな幸や不幸をかみしめて生きる人々に、常に彼女は視線を向けていたのです。

向田作品はきっとこの先、古典と化すことでしょう。西鶴の視線が時代を問わず通じるものであるように、向田邦子の「見方」もまた、古びることがないのです。

軽く、濃く 女性を描く【2019年7月14日】

★文化勲章を受章した作家・田辺聖子さんは2019年6月6日、91歳で死去

先月亡くなった作家の**田辺聖子**さんを追悼し、久しぶりに❶**『言い寄る』**（**講談社文庫**）を読みました。昭和四十八（一九七三）年、著者四十五歳の時に連載が始まったこの小説は、大阪に住むハイミス「乃里子」が主人公。

田辺さんにお話をうかがった時、「ハイミスという言葉には、『いたわり』があったわね」とおっしゃったのが記憶に残っています。「嫁き遅れ」といった言葉に比べると、進取の気性や、一人で生きていくという自負も感じさせる、ハイカラっぽい言葉であった、と。

乃里子は、そんなハイミスの魅力を体現する主人公です。年齢なりの分別を持ちつつも、自身の欲求に素直な乃里子の日々が大阪弁で描かれると、ページをめくる手は止まらない。続く『私的生活』『苺をつぶしながら』の〝乃里子三部作〟を、つい読破してしまいました。

モテる女性である乃里子は、いろいろな男性とのラブ・アフェアを愉しみます。「この関係って、今で言ったら『セフレ』？」などと思いますが、「セフレ」だの「不倫」だのといった乾燥した定義に、男女の関係を押し込めないところが、著者と大阪とが持つ都会性を示していましょう。

田辺さんは、シモがかった話題が嫌いではありません。が、❷**『女は太もも』**（**文春文庫**）等のエッセイを読めば、その手の話を書いても、下品さは漂いません。皆まで言わ

『読み口は軽くても、描くのは真実』

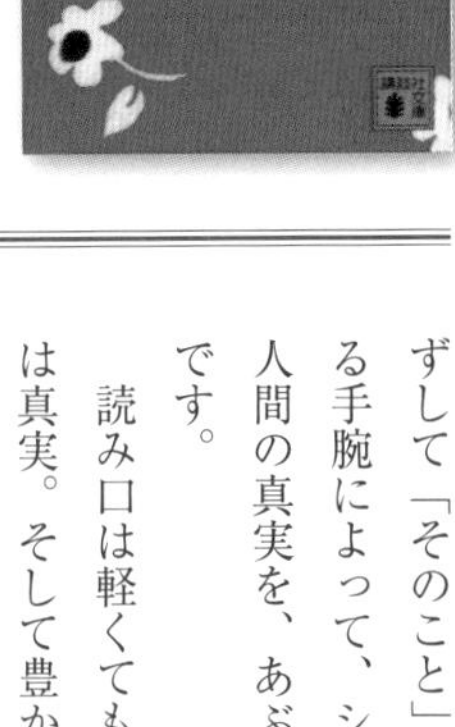

❶

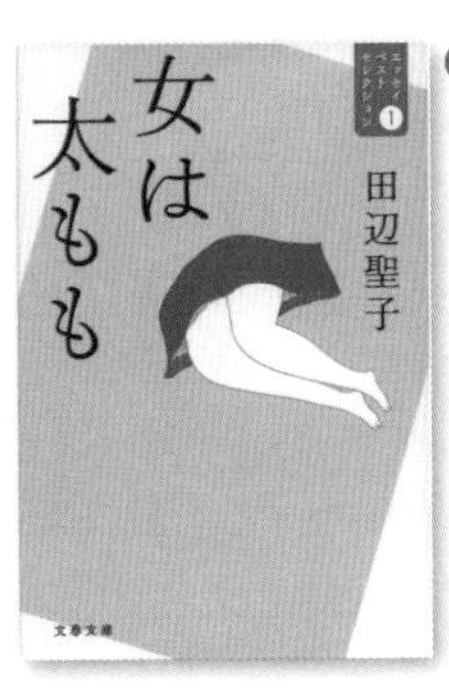

❷

❸

ずして「そのこと」を表現する手腕によって、シモに漂う人間の真実を、あぶり出すのです。

読み口は軽くても、描くのは真実。そして豊かな教養がバックボーンとして存在するからこそ、田辺作品は「軽いのに、濃い」のでした。特に古典の知識は豊かで、『源氏物語』や『枕草子』に、田辺作品を通して親しんだ人は多いことでしょう。

有名な古典作品以外にも、たとえば江戸時代の商家の内儀・小田宅子（いえこ）が、女友達と連れ立って伊勢から日光、江戸……と旅をした記録「東路（あずまじ）日記」といった作品も、❸**『姥（うば）ざかり花の旅笠（たびがさ）――小田宅子の「東路日記」』**（集英社文庫）では取り上げられます。五十代の主婦達が生き生きと旅を楽しむ様子を知るにつれ、今を生きる私達にも、活力が注入されてくるのでした。

小説でも、エッセイでも、そして古典シリーズでも。魅力的な女性達の姿を世に伝え続けた田辺聖子さん。女達の傍らには、いつも憎めない男達の姿が描かれているのを読めば、「ま、仲良くしとこ」という気にもなってくるのであって、その作品はこれからも、読者を励まし続けることでしょう。

宮沢賢治の深みにはまる【2017年5月14日】

学生時代、国語の授業で宮沢賢治「永訣の朝」を読みました。「あめゆじゅとてちてけんじゃ」のフレーズは、きょうだいを亡くす悲しみや、東北の冷たい冬を知らない我々にも、哀切に響いたことを覚えています。

❶今野勉『宮沢賢治の真実――修羅を生きた詩人』（**新潮社。新潮文庫にも収録**）を読み、「永訣の朝」で描かれた賢治の妹・とし子の人物像に初めて思いが至った私。賢治の詩を読み解くうちに、そこに「とし子の恋」の存在があるのでは、と思った著者が丹念に調べた先には、悲恋の事実がありました。

そして「銀河鉄道の夜」において、ジョバンニが賢治であるならば、カムパネルラは誰なのか。こちらもまた、同性に対して熱い感情を抱いた賢治の人生を細見することによって、一人の人物が浮かび上がってくる……。

この本を読んでから久しぶりに「銀河鉄道の夜」を読むと、これは「大人のための童話」的なほのぼのした作品ではなく、人生の悲しみを濃縮して純度の高い結晶にしたようなお話であることよ、と思えてきました。それもまた自分が大人になったからこその読み方なのかもしれませんが。

❷宮沢賢治『新編　銀河鉄道の夜』（**新潮文庫**）には、「双子の星」が収められます。こちらは、チュンセとポウセという、双子の星の物語。水晶のように透明な心を持つ双子は、賢治ととし子のことであ

『自らの心のありようをそのまま写し取った』

❶

❷

❸

り、二人はたとえ騙（だま）されても、その透明な心を決して濁らせないのです。

『宮沢賢治の真実』によると、今我々が「詩」だと認識している作品群は、詩ではなく「心象スケッチ」なのだ、と賢治は強く思っていたそうです。自らの心のありようをそのまま写し取ったもの、といった感じなのか。

　そんな賢治作品には、しばしば印象的なオノマトペが使われています。「銀河鉄道の夜」でも、「天の川がしらしらと南から北へ亘（わた）っているのが見え」とか、「天の川の一とこに大きなまっくらな孔がどほんとあいている」といった文章が。

❸『宮沢賢治のオノマトペ集』（栗原敦監修・杉田淳子編、ちくま文庫）は、斬新なオノマトペや、その独特な使用法が紹介される書。オノマトペの数々は、賢治が自分の心象をいかに正確に記そうとしたかを伝えるようなのであり、「ぐんなり」と「ぐんにゃり」は明らかに違う……などと考えていると、賢治の世界の深みにはまっていきそうなのでした。

坂東さんが描く「異物」【2014年6月8日】

★直木賞作家の坂東眞砂子さんが2014年1月27日、55歳で死去

今年一月、**坂東眞砂子**(まさこ)さんが他界されました。希代のストーリーテラーである坂東さんの絶筆となった未完の長編小説が❶**『眠る魚』**(**集英社文庫**)。バヌアツに移り住んだ女性が、日本で震災と原発事故が起きた後に帰国。そこで自らも病に……という設定は、著者の晩年の状況を思わせるものです。

放射線被害が懸念される主人公の故郷には、放射線の不安に怯(おび)える人と、対照的にあっけらかんと生きる人が同居しています。目に見えない違和感に、気づく人とそうでない人がいるのです。

静かな土地に忍び寄る、不穏な空気や異物。坂東さんは、それらのものに敏感でした。デビュー作❷**『死国』**(**KADOKAWA/角川文庫**)では、坂東さんの故郷である高知県を舞台とし、死の世界が現世にまで越境しようとする様を描き出しています。また傑作長編❸**『桃色浄土』**(**新潮文庫=品切れ**)では、大正時代の高知の漁村に突然異人がやってくることによって起こる、一夏の激しい物語を。

これら三作の主人公である女性達は、「忍び寄るもの」に対して、果敢に立ち向かいます。こそこそ逃げたり、見て見ぬフリをするのでなく、相手についてよく考え、立ち向かい、そして時には覚悟をもって受け入れる。

そんな女性主人公達の姿を読んでいると、私は坂東さん自身の姿を思い浮かべずにはいられません。坂東さんは常に、激しく何かと戦っていま

『立場が変われば誰しもが異物と化す危うさを知っていた』

した。同時に、柔軟に異物を受け入れることができる人でもあったのです。

イタリア、タヒチ、バヌアツと、様々な地に住んだ坂東さん。それは、アウェイの地において、自らが異物と化すということです。一歩立場が変われば、誰しもが異物と化す。その危うさを、坂東さんは知っていました。

病が重篤となり、故郷に戻るために乗った飛行機が空港に着いた時、坂東さんは胸の前で小さく手を叩いたのだそうです。日本の閉塞感を嫌った坂東さんですが、その根は日本にそして高知に、強固に結びついていました。

故郷の土地の重みを誰よりも感じていたからこそ、坂東さんは『眠る魚』において、放射線について記したのでしょう。この小説で、坂東さんが人生の最後に私達に投げかけようとした思いとは、何だったのか。私はこれからも、考え続けていかなくてはならないのだと思います。

文豪の手紙　こもる実感【2016年4月10日】

エッセイを書くのは温泉の脱衣場で裸になるようなものだけれど、手紙を書くのは誰か一人の前で裸になるような感じ。……なので私は手紙を書く時に緊張するのだけれど、しかしだからこそ、他人の手紙を読むのは面白いものです。

文豪はまた手紙の名手であって、その名も❶**『三島由紀夫レター教室』**（ちくま文庫）は、五人の人物がやりとりする手紙だけで構成される小説。「処女でないことを打ちあける手紙」「借金の申し込み」「嫉妬を知らせる手紙」……。と、書きにくいことが流麗な文章で記される様は、読者にとってまさに「教室」です。同時に、手紙だけで進んでいくストーリーはスリリングかつニヤニヤ笑いが止まらず、三島の「軽み」が楽しめる一冊。

三島は実生活でも筆まめであったようです。❷**『川端康成・三島由紀夫　往復書簡』**（新潮文庫）は、三島が大学生の時に始まり、三島の死の直前まで続く、二人の貴重なやりとりの記録。若き日の三島の筆には、尊敬する師に手紙を書く喜びが溢（あふ）れます。やがて二人は文学、そして日本について、対等に言葉を投げ合う仲に。互いにとって、またとなく得難い相手を得たという喜びが、文面から伝わります。

川端のノーベル賞受賞前後の手紙もあれば、三島の自決が近づくにつれて緊張感が高まる様子が伝わる手紙も。日本文学史に残る往復書簡なの

『文豪はまた手紙の名手である』

❶

❷
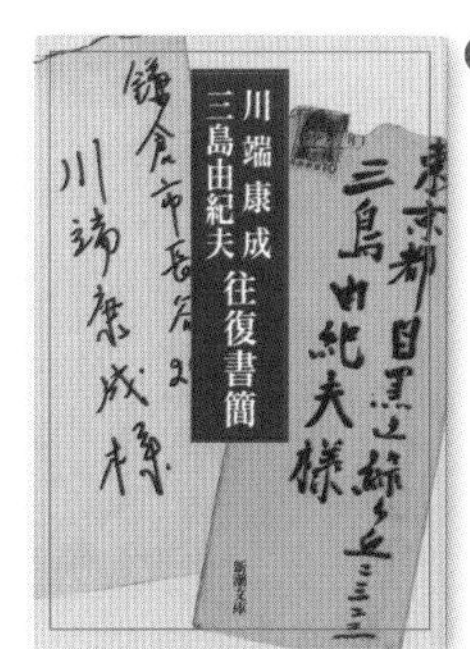

❸

ですが、卑近な感想を付け加えるなら三島は、「いただきもの」に対するお礼の書き方が非常に上手い。本であれ菓子であれ、貰い物を褒めつつ喜ぶ様を記す筆致に、うっとりと読み惚れます。

「やりとり」をするのが手紙であるわけですが、やりとりを前提としない手紙があって、それが遺書です。激動の昭和史の中で、歴史をつくっていった人々が遺した遺書や最後の言葉を集めたのが、❸**梯久美子『昭和の遺書――55人の魂の記録』**(文春新書)。

二・二六事件にかかわった人々、第二次世界大戦で散った人々、三島由紀夫を含め戦後に死んだ人々、そして最後は昭和天皇。……人が最後に遺す言葉には、その人の生き方と価値観とが滲み出るのであり、それらの言葉を時系列に読むことによって、昭和という激烈な時代のあり方が響いてきます。そして彼らに言葉を返すとしたら、果たして我々は何を書くのだろうか、と思いは巡るのでした。

「訳する」人々【2014年8月10日】

❶米原万里『不実な美女か貞淑な醜女(ブス)か』（新潮文庫）を二十年前に読んだ時、そのあまりの面白さに衝撃を受けたものです。米原さんはロシア語通訳として活躍されていましたが、同時通訳という未知なる世界を紹介するのみならず、エッセイの技術もまた、初めての本とは思えぬ卓越したものであったから。

私はこの本によって、通訳であれ翻訳であれ、外国語を日本語へと訳する人々によるエッセイに目覚めました。米原さんのみならず〝訳業〟につく方々のエッセイは、極めてハズレが少ないもの。

「訳する」という仕事をしている人達は、ある言語を別の言語に置き換える作業を続けることによって、言葉に対する感性を研ぎ澄ませています。言葉使いの達人であることは言わずもがなである上に、様々な知識も豊富なのです。

たとえば**❷野崎歓『翻訳教育』（河出書房新社＝品切れ）**では、フランス語翻訳者の著者が、「原作を別の言葉で蘇(よみがえ)らせる翻訳とは、一種の幽霊のようなもの」と記します。すなわち「フランス語の本が日本語に化けて出る」のであり、「原作者の霊に取り憑(つ)かれて、逃げられなくなっているのが翻訳者」なのだ、と。

片岡義男氏と**鴻巣(こうのす)友季子**さんが、ジェイン・オースティンやサリンジャー等、数々の名作の冒頭部を翻訳合戦しているのは**❸『翻訳問答――英語と日本語行ったり来たり』（左右社）**。それぞれの作品につ

『卓越した日本語力を持つからこそ名訳家たり得る』

❶
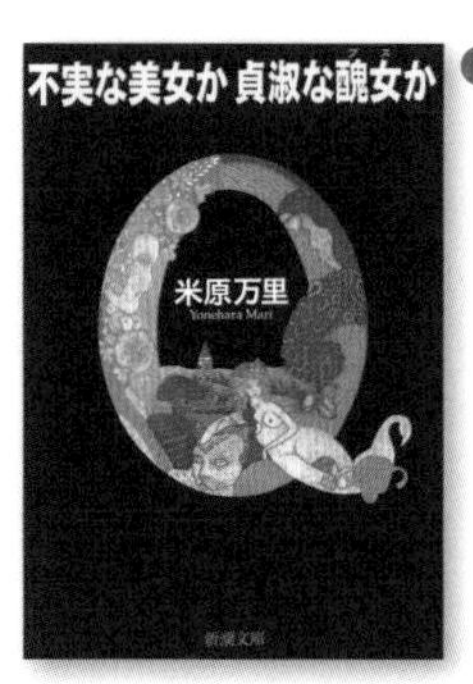

❷

❸

いて二人の対談が添えられているのですが、作家と翻訳家、男と女といった立場の違いによって、翻訳ポリシーの差異があぶり出され、翻訳という行為の奥行きの深さに、目眩がしそうになります。

　そして、「翻訳者の私は、基本的に憑依体質なので、文体がひとつ降りてくるとそれにたやすく支配されます」という鴻巣さんの言葉は、翻訳と通訳の違いこそあれ、前出の野崎さん、そして米原さんの「われわれ通訳者は、コミュニケーションという名の神に仕える、敬虔な使徒」という言葉に通じるのかも。

　これらの本を読むと、〝訳業〟の方々ほど、日本語のことを真剣に考え、その能力向上のために研鑽を積んでいる人はいないことがわかるのでした。名訳家達は、ただ外国語が達者な人ではありません。卓越した日本語力を持つからこそ、名訳家たり得るのであって、訳業の方々の本が面白いというのは、当たり前のことだったのですね。

改めて知る、義経の物語【2016年7月10日】

❶町田康『ギケイキ　千年の流転』（河出文庫）。一瞬何のことやらわかりませんが、本書のベースはすなわち、室町時代に成立したとされる作者不詳の物語「義経記」。源氏が平家を滅ぼした……といったところは「平家物語」に任せ、義経と弁慶の生い立ちや出会い、そして二人が京都から奥州へと追われていく様を記します。原文はかなりの大部の著で読みづらく、それほどメジャーな古典というわけではないでしょう。

そんな書を、著者は平成の世にむんずと引きずり出しました。冒頭に登場する、ハルク・ホーガンをハルク判官と脳内変換しがちな「私」こそ義経その人であるわけで、つまり義経は今も流転中。現代語と関西語のネイティブである著者の筆と義経の剣とが渾然一体となって記された本書、読了が惜しくなる流転ぶりなのですが、しかし本書は全四巻のうちの一巻。まだまだ先は長いのが、嬉しいようなもどかしいような。

我慢しきれず**❷『現代語訳義経記』（高木卓訳、河出文庫）**を読んでみれば、厚さ三センチもの文庫だというのに、どんどんページが進みます。『ギケイキ』に書いてあった荒唐無稽なお話は町田さんの創作かと思ったら、原文もその通りだったのですね……。

義経の人生における転落の時期にスポットライトを当てた『義経記』。本書があるからこそ日本人のとある傾向に「判官贔屓」の名が与えられたわけで、本書は我々にとっ

『「義経記」は我々にとって ひとつの心の源流』

❶

❷

❸

てひとつの心の源流なのです。

義経の物語を世に広める役割を果たしたもののひとつは、歌舞伎でした。中でも「勧進帳」は必ず大入りということで、安宅（あたか）の関をもじって「またかの関」と言われるほど頻繁に上演されたと、❸**渡辺保『勧進帳――日本人論の原像』（ちくま新書＝品切れ）**には記されます。

「勧進帳」の成立譚（たん）と原典の読み解きによって、なぜこの物語がそれほどまでに日本人に訴えるかを解明する本書。「義経記」と能の「安宅」、さらには黒澤明が「勧進帳」を映画化した「虎の尾を踏む男達」までをも比較することによって、富樫と弁慶、そして義経という三人それぞれが示す日本人像が、浮かび上がりました。

いつも歌舞伎の「勧進帳」を何となく見ていた私。次回は三人の男達の表と裏を、もっとじっくり見つめたい、という気持ちになる、三冊です。

趣味・好み

心ゆさぶる春【2021年3月13日】

「この世の中は陰惨に見えますが、やはり春になると、どの花からも永遠の快活さが笑いかけます」

これは、庭仕事を生涯の楽しみとしたヘルマン・ヘッセが、第二次世界大戦のさなかに手紙に書いた一文です。人間の社会がどうあろうと、春になれば芽吹き、花を咲かせる草木の姿に、いつの世も人々は救われてきました。

❶ヘルマン・ヘッセ『庭仕事の愉しみ』（フォルカー・ミヒェルス編、岡田朝雄訳、草思社文庫）は、庭仕事にまつわるヘッセの文章を編んだ書。ヘッセは、仕事以外の多くの時間を庭で過ごしました。草花と対峙し、たき火を見つめる時間は、ヘッセにとって心身の苦悩を忘れることができる「瞑想」だったのです。

そういえば一年前の春、草むしりをしている時は、新型コロナウイルスの不安から遠ざかることができたものだった。……と、この本を読みつつ思い返した私。本書もまた、庭仕事に没頭している時と同じような効能を与えてくれます。

春は酩酊と似た気分をもたらしますが、そんな時に読みたくなるのが、私の場合は**泉鏡花**です。中でも**❷『春昼・春昼後刻』**（岩波文庫）は、のどかな一方、実は暴力的なまでに人の心をゆさぶる、春そのもののような物語。

暖かな日差しに包まれた春の昼下がり、里山を散策する一人の男。行き着いた寺の住職から聞いたのは、里に住む一人の美女についての話でし

『明治期は思春期のような時代だったのかもしれない』

❶

春昼・春昼後刻

泉　鏡花作

緑 27-5
岩波文庫

❷

❸

た。そして男はやがて、その美女と邂逅（かいこう）して……。

読み進めるうちに現実から半歩、あるいは一歩外れた世界へとかどわかされたかのような気持ちに包まれるこの作品。読み終えた時、頭に春霞（がすみ）がかかったような気分になるのは、物語のせいなのか、それとも花粉のせいなのか。

❸夏目漱石『草枕』（新潮文庫）もまた、鄙（ひな）の地で不思議な美女に出会う男の物語であり、『春昼・春昼後刻』と読み比べると、また別の味わいが出てきます。

時は春。画家である男は、滞在先の温泉で出会った美女に心を乱されつつ、芸術について思索します。そんな主人公の姿には、作者の姿が投影されていましょう。

最後のシーンにおいて、主人公は鄙の地から停車場まで降りてきます。そこで汽車という文明と接すると、にわかに現実社会に戻ってきた感覚を覚えるのでした。

西洋の文明が一気に流れ込んで世の中が激変した明治期は、日本という国にとって、春のような、そして思春期のような時代だったのかもしれません。明治の文豪達の作品が今もわれわれの心を捉え続けるのは、そこに濃厚な春の気配が漂うからなのかもしれない、とも思います。

非常事態下の人々【2020年4月12日】

新型コロナウイルスの拡大防止のため、夜遊びを自粛するよう要請が出されている今。そこで私が思い出したのは、和泉式部のことでした。

和泉式部といえば、平安時代の恋多き名歌人です。❶**和泉式部『和泉式部日記　現代語訳付き』（近藤みゆき訳注、KADOKAWA／角川ソフィア文庫）**に描かれているのは、冷泉天皇の皇子である敦道親王との恋の顚末。……ですが、敦道親王は、和泉式部の元カレである為尊親王の弟なのでした。為尊親王が若くして亡くなり、その後に弟とも交際した、という次第。

為尊親王は、疫病で亡くなりました。『大鏡』によると、為尊・敦道兄弟は、ともにわりと軽めの性格であったらしく、為尊親王は疫病が流行っているというのにフラフラと夜歩きをして、疫病になってしまったのです。

その手の人は、昔からいた。そして恋や遊びの誘惑は、感染の恐怖を凌駕することもある。……と理解できるこの逸話。しかし我々は今しばらくその誘惑に打ち勝たねばならないわけで、恋の気分は『和泉式部日記』で満足させておきたいところです。

❷**ジュンパ・ラヒリ『停電の夜に』（小川高義訳、新潮文庫）**は、停電という非常事態下の家族についての物語です。初めての子供を流産で亡くした、若い夫婦。それから少しずつ夫婦の距離が離れていったのだけれど、毎晩一時間の停電が五日間続いた時、ろうそくの灯を挟んで、二人は再

『非常事態は自分と家族とを見つめ直す時間をもたらす』

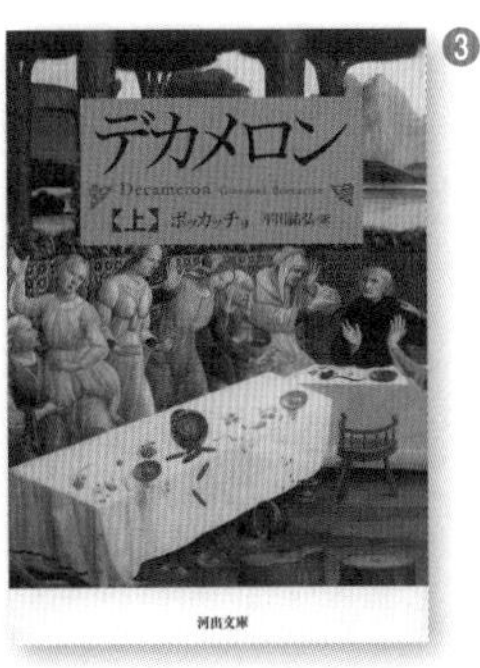

び互いに向き合うのでした。

暗い中で食事をし、胸の内を語り合う夫婦。久しぶりに歩み寄った二人は、どうなったのか……？

今、家族だけで家の中にいる時間が長くなっている、我々。家族との関係には、発見や変化があることでしょう。非常事態はいつも、自分と家族とを見つめ直す時間をもたらすのです。

❸ボッカッチョ『デカメロン』㊤㊥㊦（平川祐弘訳、河出文庫）は、十四世紀のフィレンツェでペストが蔓延した時に、街中から郊外へと逃れた若い男女十人が、一人一話を十日間語った「百物語」なのだという話を聞いて、初めて読む気になった私。自宅で過ごす長い時間に本を開いてみると、これが面白いのです。

恋、金、恨み、嘘。……といったものに翻弄される人間の姿は、昔も今も変わらないと同時に、遠い異国の昔の話ということで、身につまされすぎません。テンポよく物語が続くので次々と読み進み、気がつけば現実のことを忘れるしばしの時間が、もたらされたではありませんか。

物語の力、ここにあり。外に出られない時は本を読むことによって、心の中を、そして時間を超えて、旅をすることができるのです。

好きなものから選ばれて【2020年6月13日】

自宅蟄居が続く中で私がはまったのは、庭の草むしり。草をじっくり眺めつつ、「こんなふうに生えているのか」との感慨を深めていました。

年をとると人はなぜ草花好きになるのか、とは昔から思っていたことですが、自分も見事にそうなったなぁ、ということで植物界の泰斗❶**牧野富太郎『牧野富太郎自叙伝』（講談社学術文庫）**を読んだら、「飯よりも女よりも好きなものは植物」で、「植物の愛人としてこの世に生まれ来た」と書く牧野は、特に何がきっかけであったわけでなく、植物が「生まれながらに好きであった」のだそう。

牧野は高い学歴を持つわけでもなければ、経済的に恵まれていたわけでもありません。ただ「好き」という情熱を、九十四年の人生の最後までたぎらせ、植物に自らを捧げたその生き方は、植物の方から選ばれたかのよう。九十代になっても研究のために徹夜していたという、愛の深い人生なのです。

植物と昆虫とは切っても切れない関係ですが、虫から選ばれた人の自叙伝が❷**奥本大三郎『蝶の唆え』（小学館）**です。フランス文学者の著者は、昆虫を愛する「現代のファーブル」。やはり、いつから好きであったかを思い返すのが困難なほどに、生まれながらの虫好きなのでした。

幼稚園時代、田んぼに飛ぶギンヤンマを見て、雷に打たれたような衝撃を覚えたこと。小学生の時に初めて昆虫標本を見て感じた、「木組

『年をとると人はなぜ草花を好きになるのか』

❶

❷

❸

みがほぞ穴に収まるようにぴたりとはまった」かのような愉悦。それらは、ラブストーリーのクライマックスのような、運命の出会いのシーンなのであり、読む側にも「出会えてよかった」という悦びをもたらすのです。

鉄道好きの人もまた、「鉄道を好きになるのではない。鉄道好きとして生まれたのだ」とよく言うものです。その愛はどれほど年をとっても変わらない、とも。

「阿房列車」シリーズを書いた**内田百閒**もその一人であり、鉄道関係の随筆が収められる**❸内田百閒集成2『立腹帖』（ちくま文庫）**には、「子供の時から汽車が好きで好きで、それから長じて、次に年を取ったが、汽車を崇拝する気持は子供の時から少しも変らない」と書きます。他のことはともかく、「汽車と云うものを対象に置く限り、私は余り育っていない」のだ、と。

どのジャンルであれ、対象から選ばれたように何かを好きになった人にとって、この感覚は共通するものなのでしょう。何物からも選ばれなかった者にとっては、子供の頃からの愛を貫く一途な人生が、羨ましくもあるのでした。

「まねぶ」と、「まなぶ」【2021年1月9日】

　モノマネが大好きな私。中でも**清水ミチコ**さんの芸は珠玉です。エッセイの名手でもある清水さんが、長年テレビ雑誌に連載していた文章をまとめたのが❶**『私のテレビ日記』**（**東京ニュース通信社発行・講談社発売**）。本書では、清水さんだからこそ知り得る、モノマネ芸の核となる部分がさらりと示されます。

　たとえば清水さんは、ユーミンのモノマネをすると自身がとても強くなった感覚になるのだそうで、生きることに自信が無い人は無理に頑張らず、「まずは自信が溢（あふ）れてる人のモノマネから始めてみたほうが、いっそ早いんじゃないか」とのこと。

　また清水さんは自分の好きな人のモノマネをしていると日頃から語っていますが、実は、「1ミリだってモノマネしたいなんて思ってない」。ではどういう気持ちなのかといえば、「私はなんと本気で、彼に、彼女に、なりたいのです」ということではありませんか。

　私はここで❷**白洲正子『世阿弥――花と幽玄の世界』**（**講談社文芸文庫**）を思い出しました。世阿弥は父・観阿弥とともに、猿楽すなわち現在の能楽を大成させた人物。世阿弥が書いた能楽論を、自身も幼い頃から能楽の稽古を積んできた著者が評したのが本書です。

　世阿弥の能楽論には、「物真似（まね）」という言葉が多く出てきます。人物等の特徴を写し取る物真似は、能楽の大本にある芸。女、老人、法師、神

『自信を持つために強い人のモノマネをするのは当を得た手法』

……など、様々な人物（だけではないが）になりきるというその芸は、「演技」というものの大本でもあるのかも。

世阿弥を育てたのは物真似の精神だということであり、著者は、「独創ばやりの世の中では、真似とか模倣とかいうことは、えらく落ちぶれてしまいましたが、本来それは学ぶから出た言葉」と書くのでした。そう、「まなぶ」の語源は「まねぶ」。自信を持つために強い人のモノマネをするというのは、まさに当を得た手法なのです。

文章においても、その手法は当てはまりそうです。❸**神田桂一・菊池良『もし文豪たちがカップ焼きそばの作り方を書いたら』**（**宝島社**）は、作家やミュージシャンから、雑誌、自己啓発本、ＳＮＳまで、様々な文体でカップ焼きそばの作り方を書いた実例を示します。

松尾芭蕉が焼きそばをすすり、『週刊文春』は湯切りを「撮る」。様々な文体を真似て書かれたカップ焼きそばの作り方を読むことによって、我々は何らかの〝学び〟を得ることができるのかも。……とも思うのですが、しかし実際に好きな作家になりきって焼きそばの作り方を書いてみる方がずっと楽しそう、という気がしてなりません。

アイドルとは何か【2019年6月9日】

いわゆる「推し」を持ったことがない私。ジャニーズであれ韓流であれ、アイドルに夢中になる友人を、いつもうらやましく眺めてきました。

『週刊文春』の長寿連載から、ジャニーズについての回をセレクトした**❶近田春夫**（ちかだ）**『考えるヒット――テーマはジャニーズ』**（スモール出版）は、そんな私にもジャニーズの魅力を伝える書。ミュージシャンにして、エッセイの名手でもある著者が、その楽曲を掘り下げることによって、ジャニーズアイドルが共通して醸し出す「ダサさ」「妖しさ」「かわいそうさ」そして「アナーキーさ」の正体が、あらわになるのです。

それはジャニーさんという一人の天才の「目」によってもたらされたもの。日本女性の心のツボは、ジャニーさんによって押され続けてきたのです。

❷朝井リョウ『武道館』（文春文庫）は、女性アイドルグループの一員を主人公とした小説です。武道館でライブを行うことを目標に活動する中で、彼女は元々の自分と、アイドルとしての自分の間の距離に戸惑うようになっていくのでした。

彼女が所属するグループもそうなのですが、女性アイドルグループにおいては、加齢したメンバーは〝卒業〟し、そこに新しいメンバーを加えることによって、グループの若さを保ち続けます。それはまるで、枯れない常緑樹のような存在感なのでした。

アイドルがグループから卒

『アイドルを知ることは我々の欲望の正体を知ること』

業した途端に、彼女の「不幸を見たい」という視線が増える、という記述が本書にはありました。「緑」ではなくなったアイドルは、男性達にとっては興味の範疇外なのでしょう。

対してジャニーズのグループは若いメンバーを補充しないため、グループがそのまま高齢化する、落葉樹です。ジャニーズファンは、好きなアイドルの加齢もまるごと愛している。

『武道館』に、「アイドルは前髪が動かない」という一文がありましたが、**❸武田砂鉄『コンプレックス文化論』（文藝春秋）**では、女性アイドルグループのメンバーは、二重まぶた率がほぼ100%であると指摘します。それは「二重ファシズム」だ、と。

一重のアイドルに著者はインタビューするのですが、彼女もまた「二重になりたいです！」と繰り返すのでした。モデルや女優の世界では、一重まぶたは個性的であることの象徴となりますが、アイドルの世界でその象徴は、求められていません。

多くの人に好かれる要件とは何か、を体現するアイドル達。アイドルを知ることは、我々の欲望の正体を知ることでもあるようです。

ペットロスと生きる【2020年5月9日】

例のウイルスで営業自粛している街の書店の前を通るとシャッターが半ば開いていて、声をかけると中に入ることができました。

薄暗い書店を独り占めする中でぼうっと浮かんで見えたのが猫の絵であり、それは❶**横尾忠則『タマ、帰っておいで』**（**講談社**）の表紙。飼い猫のタマが亡くなって以降、描き続けたタマの絵とともに、タマへの愛が綴られた画文集です。

タマを通して、自らの人生をも見つめる、横尾氏。「タマの死を描くことは自らの死を描くことでもある」とあるように、画家は自身の死をも見つめています。

横尾氏はタマを「猫の形をした人間」と書きますが、著者も人間の形をした猫かもしれず、人猫一体の魂がこもる本書。私が買った本は「TAMA & Yokoo」と書かれたサイン本であり、これは「共著」でもあるのでした。

横尾氏も共感を寄せているペットロス本の嚆矢といえば、❷**内田百閒『ノラや』**（**中公文庫**）。野良猫出身の「ノラ」は、内田家にいつくようになり、老夫婦に可愛がられます。しかしある日、姿を消して以来、いっこうに戻ってこなくなってしまいました。

百閒は日夜涙にくれ、ビラまで作って捜しまわるけれど、ノラは出てきません。百閒の気を紛らわせるべく、周囲が鉄道の旅に連れ出すも、道中もノラのことが頭から離れず、帰ってきた途端に泣き崩れてしまうのです。

『魂の差別をしない人に飼われたペットの幸福』

❶

❷

❸

死という区切りがつかないからこそ、百閒の悲しみには終わりがありません。「猫は我我の身辺にゐる小さな運命の塊まりの様なものである」と百閒は書きましたが、運命を失ってしまった作家の嘆きは、晩年まで消えることはないのでした。

❸**町田康『スピンクの笑顔』**（**講談社**）は、作家の「ポチ」が飼うプードルのスピンクが、ポチの脳を利用して〝書く〟日記。十年続いた連載は既に三冊にまとまっていますが、スピンクは他界。本書が最終巻となってしまいました。

本書の冒頭でスピンクは、犬にとっての死について語っています。それは「ぽそっ、と生じたものが、ぽそっ、と消える」だけであり、「そんなに嘆く必要ないんですよ」というものだ、と。

スピンク亡き後に綴られるのは、一緒に飼われていた弟のキューティーの言葉。主人達の嘆きはそこに記されませんが、だからこそスピンクの不在は、読者にも響くのでした。

しかし同時に感じるのは、魂の差別をしない人達に飼われたペットの幸福。表紙の笑顔は、まさにそのことを物語っているのです。

「見せる」ことの思惑【2019年1月13日】

美術館、博物館、動物園、水族館。その手の、何かを見るための施設が私は苦手なのですが、短編集❶**原田マハ『常設展示室』**（新潮社。新潮文庫にも収録）を読んでいたら、美術館に行きたくなってきました。

主人公は、懸命に生きる女性達。一枚の絵に出会うことによって、彼女達は目覚め、気づき、そして人生を振り返ります。一冊の本によって人生が変わることがありますが、絵もまた同じ力を持つと教えてくれるこれらの物語の佇まいも、名画のように静謐なのでした。

「さあ見ろ」と言われると見る気がうせるという天邪鬼な性格のせいで、その手の施設に行かない私。動物園はさらに、限られた場所で人間に飼育される動物を見ると胸が痛むという理由もあって、苦手です。

❷**木下直之『動物園巡礼』**（東京大学出版会）は、様々な動物園を巡りつつ、動物園の過去、現在、未来をも巡る書。動物園の動物達は、動物園で生まれ育つケースがほとんどで、野生動物を連れてくるケースは少ないこと。種の保存という意味でも、動物園は大きな役割を担っていること……。と、眺めているだけではわからない動物園事情の数々が示されます。

動物を展示することの意義を重視するが故に動物園が背負うのは、動物の幸福には少々目をつぶるという「業」だと、著者は記します。第二次世界大戦中は、各地の動物

『人間の業が見えすぎるから、私は動物園が苦手なのかも』

❶

❷

❸

園で動物達を殺さなくてはならなかったわけですが、それもまた人間の都合。動物園から見えてくるのは、飼育する側の人間の姿でもあることをこの本は示すのであり、人間の業が見えすぎるから、私は動物園が苦手なのかもしれません。

「見せる」ための一大イベントである万国博覧会が大阪で開催されることが決まりましたが、SF作家の小松左京が、一九七〇年の大阪万博にブレーンとして関わっていたことを、**❸小松左京『やぶれかぶれ青春記・大阪万博奮闘記』**（**新潮文庫**）で知りました。私的な万博の研究会を作っていた小松達は、やがて大阪万博のビジョンを考えるようになっていくのです。

本書の前半は、戦争中に過ごした学生時代の記録です。日本が世界から孤立していた時代に青春を送ったからこそ、著者は万博で日本を世界にどのように「見せる」かを、懸命に考えたのではないか、という気がしてきました。

二〇二五年には、大阪で二度目の万博が開催されますが、日本人はその時に何を見せようとして、何を見せないのか。考えさせられる一冊です。

読書欲をそそる注釈【2015年1月11日】

「注釈」とは、不思議な存在です。本を読み始めた時、本文のあちこちに数字やら※印やらがあって、どうやら注釈があるらしいことはわかっても、しかしそれがその本のどこに存在するのか、特に指示は無い。章ごとに注釈があるのか。巻末に全てまとまっているのか。右往左往することがしばしばです。

❶田中康夫『33年後のなんとなく、クリスタル』（河出書房新社）を広げて思ったのも、「注はどこ?」ということでした。三十三年前、中学生だった私に親は『なんクリ』を禁じましたが、禁書は余計に読みたいのが中学生の常。

こっそり読んだ時は、本文の脇に注もある「傍注」状態だった気がするけれど……。と、ページを繰って注を探すと、『33年後』では、横書きの注が巻末からスタート。本文と注を行きつ戻りつ、三十三年前と今を往来する気分が募ります。すなわち、『なんクリ』って、地方出身男女の東京物語だったのか、とか、いつまでも「自分のため」だけに生きることができないのは、クリスタル族もまた同じか、などと。

この「行きつ戻りつ感」は、ネットで検索しながら何かを読む感覚に近いのかも。巻末注というのは、外部知能のような存在だったのですね。

とはいえやはり、本文と同じ見開き内に注があると、読者には親切です。池澤夏樹個人編集の**❷日本文学全集第一巻『古事記』**（池澤夏樹訳、河出

『最低限の言葉の中から編者の心が滲み出る』

書房新社）では、本文の下に注がある「脚注」の形態。視線を上下に動かすだけで、ストレスなく注を読むことが可能です。

この書では、注もまたひとつの作品になっています。訳者の個性が注に溢(あふ)れ、神様の名前が続くような部分では、つい注ばかりを読みふけることに。文字によってこの国のあり方を表現しようとする、千三百年の時を超えた二人の執筆者の個性が、同じページの中でがっぷり四つになります。豊かな注釈が、「この国のはじめ」のお話に、躍動感を与えました。

一方、シンプルな注釈もまた魅力的です。**❸種村季弘(すえひろ)編『泉鏡花集成』全十四巻（ちくま文庫＝品切れ）**では、既に明治の事物がわからなくなっている読者のためにわずかな傍注が付されているのですが、最低限の言葉の中からも、編者の心が滲(にじ)み出るよう。まるで歌舞伎の大向こうのピリッとしたかけ声のように、こちらの読書欲を刺激してくれるのです。

料理と人生 賢く熱く【2016年5月8日】

バブル世代の働く女性の本棚には、必ず❶**向田和子監修『向田邦子の手料理』（講談社）**が一冊あると言われていて、かく言う私もその一人です。向田邦子亡き後、妹の和子さんによって姉の手料理が再現され、写真やエッセイ等と共に編まれたこの本。食べることに熱心で、手間暇かけずに美味しいものを作って振る舞うのが好きだったという向田邦子の生活、ひいては人生そのものが見えてきます。私達はこの本を読んで、料理のひとつもできる「いい女」を目指したのでしょう。

昭和最後の年に刊行されたこの本は、今も版を重ねています。食べることと生きることをスマートに楽しむ、というライフスタイルは、その後もずっと支持されているのです。

向田邦子はまさに❷**『聡明な女は料理がうまい』**を地で行く人であったわけですが、この名コピーは昭和五十一（一九七六）年に刊行され、ベストセラーとなった**桐島洋子**の本のタイトル。こちらは近年、**アノニマ・スタジオから復刊（KTC中央出版発売）**されています。

働く女であり、母親であり、また恋する女でもある著者が記すと、料理が〝主婦の義務〟から解放されるのが、痛快なところ。読むうちに読者をやる気にさせるのですが、その時の「やる気」とは、単に料理を「作る気」ではありません。旺盛に生きよう、という気持ちがかきたてられる本なのです。

『食べることへの熱情は、世代も性別も国境をも越える』

❷ 聡明な女は料理がうまい 桐島洋子

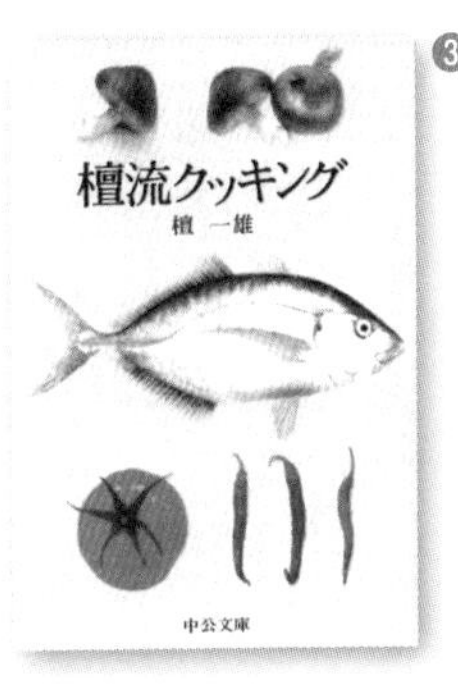

しかし料理は、聡明な女だけのものではありません。昭和の名料理エッセイといえば❸**檀一雄『檀流クッキング』（中公文庫）**もあります。こちらも最近、カラー写真や未収録の原稿も収めた『完本 檀流クッキング』（集英社）が、子息の檀太郎夫妻によって、新たな装いで登場しました。

「料理が、食べることが、好きでたまらない」という熱情が、この本にはたっぷり詰まっています。のみならず、読むうちに国内あちこち、ポルトガル、韓国……と、各地を旅しているような気持ちにもなってくるのです。

「断乎（だんこ）として、梅干を漬けなさいと申し上げる」

「檀のいうことを聞け」

という明治最後の年に生まれた作家の断言口調は、このふわふわした時代においてはむしろ心地よく、食べることへの熱情は、世代も性別もそして国境をも越えるということを実感させられる本書。料理上手は、やはり生き方上手でもあるようです。

むかしの味と今の味【2014年7月13日】

人は、思い出の中の味に、戻っていきます。先日は、あるレストランで食べたタンシチューの味が母親のそれにそっくりで、ふいに涙腺がゆるみそうになったものでした。

❶池波正太郎『むかしの味』（新潮文庫）は、著者が東京・茅場町の株式仲買店の少年店員だった時代から食べ続けてきた味の数々を描いた書。池波少年が、煉瓦亭のハヤシライスの味にどれほど陶酔し、資生堂パーラーのクリームソーダにどれほど驚愕したか。お店の人達を見る視線は尊敬と愛情に溢れていて、唾液腺と涙腺とが、同時に刺激されます。

大正生まれの池波の次は、**❷阿古真理『昭和育ちのおいしい記憶』**（筑摩書房＝品切れ）。昭和四十年代生まれの著者は私と同世代ですので、懐かしい味として記されているものに対して共感を覚えます。また関西出身の著者であるからこその感覚には、「へぇ」と思う。

食の思い出は人の思い出と絡まりあっていることを、この本は伝えます。おいしさとともに愛情の記憶が蘇るからこそ、人はむかしの味を欲するのでしょう。

阿古さんが、社会人になって外食が増えてから食べるようになったという、アルデンテのパスタ。対して平成生まれの**平野紗季子**さんが記したのは**❸『生まれた時からアルデンテ』**（平凡社）。タイトル通り、著者は生まれた時からアルデンテのパスタを食してお

『食の思い出は人の思い出とともにある』

❶ むかしの味　池波正太郎　新潮文庫

❷

❸

り、のびたスパゲティで作ったナポリタンに対する郷愁は抱きません。ということで、これは未だ郷愁を知らない世代の食べ物本なのです。

　ネット世代なので書き方も自由、写真（面白い）もいっぱい。「ナウい！」と思わず昭和語で叫びたくなりますが、この本は『むかしの味』との併読をおすすめしたいところ。もちろん相違もあれど、意外なほどにそこには共通点が多いから。

　子供の時からアグレッシブに食べまくっている、池波＆紗季子。紗季子さんは感銘を受けたカフェのオーナーに会いに行って翌日から働く経験を持つのですが、池波もまたお気に入りの銀座の喫茶店「清月堂」の責任者を見込んで、「こういう責任者といっしょに、私も小さな店を、（出してみたいな……）」などと思っているのです。

「食べる」ということにメロディーを感じているかのような平成の新星。彼女が郷愁を知った時にどのような音楽を奏でるか、今から楽しみです。

お茶が「道」である理由【2013年4月14日】

「お茶を一服」となる度に、「茶道を習っておけばよかった」と、嫌な汗をかく私。しかしなぜ「お茶を飲む」ということが、深淵な「道」になったのかは、おおいに興味をひかれるところです。

特に茶室は不思議な空間ですが、❶**『茶室とインテリア』**（工作舎）著者の**内田繁**氏は、「小さい空間をつくることによって精神が高揚したり、深まることに気がついたのが日本文化」としています。そして不変のものをよしとした西洋文明に対して、日本ではうつろいゆくものに美を見いだしたのだ、と。

茶室の中に入ると、季節や時刻によって光の加減は変化し、また花や軸、器も変わっていきます。濃密な空気が充満した空間の外観は、意外なほどに質素。

日本人そのものの佇まいとも似る、茶室。千利休が「縮小の極点ともいわれる待庵の二畳のお茶室」を造ったのは、天下を取った秀吉の茶頭として利休が迎えられた頃でした。その時利休は、「それまでに成熟すなわち縮小であるという、この地球上での稀有な力学を、形にし終っているのだ」とするのは、❷**赤瀬川原平『千利休　無言の前衛』**（岩波新書）。映画「利休」の脚本を書くために、利休とその時代へと歩み寄って行った著者の、利休との邂逅記です。

著者はそれまで茶道を嗜んではいませんでしたが、だからこそ偏りの無い目で、茶の道を見たのでしょう。「お茶

『生への不安を起因とする儀式は茶道だけではない』

❶

❷
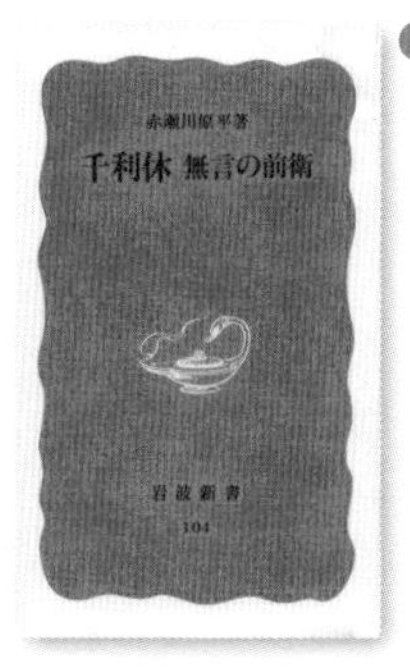

❸

を入れる、その入れ方が次第に儀式化していくというのは、生きていることの不安によるものではないか」という記述に、ドキリとさせられます。生への不安を起因とする儀式は、決して茶道だけではないのではないか、と。

『千利休　無言の前衛』をもしも装丁するなら、ということで三十一種類のプランを提示してみせたのは、❸**寄藤文平『絵と言葉の一研究――「わかりやすい」デザインを考える』**（**美術出版社**）。その本の神髄をすくいとって形にするのが装丁という作業ですが、利休、茶道、そして赤瀬川氏から漉しとった三十一滴のドリップは、それぞれ美しく、またニヤリとさせられます。

「千利休の考え方の中に、現代のデザインに通じるものがとても多い」と書く寄藤さんは、いつもミニマムな表現で無限の世界を提示します。寄藤さんの心の揺れと、利休の心の揺れとが共鳴し合う様は、日本人の精神の底流を見るようでもあるのでした。

「道」を夢見て、麺を打つ【2013年12月8日】

蕎麦に思いを馳せる季節になって参りました。年越し蕎麦をいつ食べるかは、家庭によって異なるようです。我が家は、夕食後しばらくしてから食しましたが、「夕食に蕎麦を食べる」とか「除夜の鐘を聞きながら」等、家庭によって様々なのです。

蕎麦本といって真っ先に思い浮かぶのは、**❶残間里江子『それでいいのか　蕎麦打ち男』**（新潮社＝品切れ）です。団塊の世代の著者による、同世代男性へのエールと叱咤が収められているのですが、タイトルを見るだけで膝を打ちたくなろうというもの。

それというのもこの本が出た八年前は、まもなく団塊の世代がいっせいに定年退職を迎えるという時代でした。団塊世代の男性は突然蕎麦打ち（もしくはNPO活動など）を始めて枯れゆくケースが多く見られたのですが、彼らに「それでいいのか」と疑問を投げかけるのが痛快です。

蕎麦は、一種の精神性が宿る食べ物。団塊男性達は仕事の代替物として蕎麦打ちに走ったのでしょうが、麺類に精神性を見るのは団塊世代だけでないことを教えてくれるのは、**❷速水健朗『ラーメンと愛国』**（講談社現代新書）です。戦後の米不足を背景として、急速に広まったのがラーメンだそうで、さらにそのイメージが、「中華料理の一種」から「日本独自の食文化」となったのが九〇年代だと著者は説きます。さらにその頃から、店員が作務衣を着用するといった、ラーメンを「道」

『麺類に精神性を見るのは団塊世代だけでない』

❶
それでいいのか
蕎麦打ち男
残間里江子
新潮社

❷

❸

として捉える動きが出てきたのだ、と。

以降、店の壁や丼に、人生訓のようなもの（著者は「ラーメンポエム」と呼ぶ）が書かれたり、店名がキラキラネームのようだったりと、「ラーメンの右傾化」が見られるように。人気ラーメン店の店主の多くは就職氷河期世代だといいますが、団塊の世代が蕎麦を頼ったように、彼らはラーメンにすがったのかもしれません。

一方、うどん界の名著といったら、**❸麺通団『恐るべきさぬきうどん』**（**新潮文庫・電子書籍**）でしょう。セルフうどんはもちろん、辺鄙（へんぴ）な場所にあったり、あまりにも店らしくなかったり……と、四国のディープなうどん屋さんの数々を世に知らしめたのは、このシリーズなのです。

このシリーズも次第によりディープな店を「巡礼」する様相を呈してくるものの、あくまでディープさを笑う姿勢が痛快。せめてうどんくらいは、気楽にすすりたいものだと思います。

「汁」と手仕事【2012年7月8日】

一時、スウェーデン刺繍にはまったことがありました。寝る時間も惜しんで、針でちくちく。しまいには目が疲れて涙が出てきても、それでもやめられなかった。

❶山本文緒さんの**『再婚生活　私のうつ闘病日記』**（**KADOKAWA／角川文庫**）を読むと、「もしかするとあの刺繍は、一種の依存だったのかも」と思うのです。山本さんがうつ病に苦しんでおられた日々について、日記形式で書いてある本書ですが、その生活の中で山本さんが楽しみにしているのが、編み物。しかし療養生活の中で編み物は、やりすぎてはいけない行為のひとつでもあるのです。

そういえば私が刺繍に夢中になったのは、かなり落ち込んでいた時期でした。その後、ラインストーンで様々な物を〝デコる〟ことにはまりそうになった時も、そうだった……。

手芸の類いの行為は我々を現実から逃避させてくれます。細かな手作業に夢中になっている最中は、世俗の雑事、悩み苦しみを忘れていられるのです。

そんな手芸の一面を、完璧に意識してつくられた本が、**❷光浦靖子『男子がもらって困るブローチ集』**（**スイッチ・パブリッシング＝品切れ**）。小学三年で、手芸と出会った光浦さん。「なにが面白いのかわからないが、脳ミソから気持ちよくなる汁がバンバン出てくる」と、途端にはまったそうです。そうそう、本当に「汁」が出るんですよね。

『手芸の類いの行為は我々を現実から逃避させてくれる』

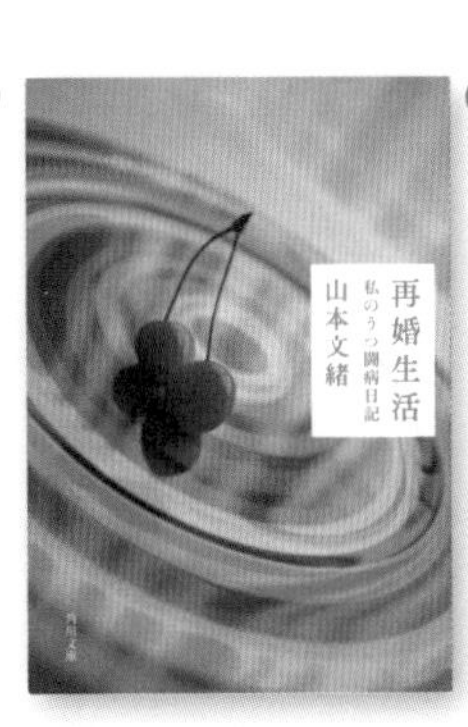

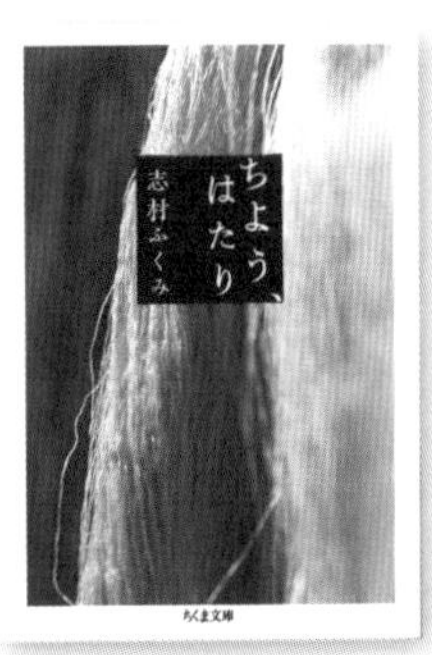

光浦さんは、とてもポップで可愛(かわい)いブローチを作るのですが、その手のブローチも、その手の行為も、決して異性ウケしないことも、自覚していいます。でもどうしても作らずにいられないという、その感覚に激しく共感。

手仕事が「せずにいられないもの」だとするならば、❸**志村ふくみ『ちよう、はたり』（ちくま文庫）**もまた、「せずにいられない人」の本です。著者は名文家としても知られる、人間国宝の染織家。『物を創ることは汚すことだ』と、まずみずからを戒めたい」と書く著者の姿勢と、我々の感じる手芸の楽しみを比較することはできませんが、しかしそれほど制作に対して厳しい意識を持つ著者の中にも、自らの手で何かをつむぎ出すことに対する無上の喜びがある気がしてなりません。

自然の色を見てその声を聞きながら染め、また市井の女達のつむいだ糸や布の生命をさらにつないでいくというその行為は、聖職者のようでもあります。自然の声、そして女達の声は、著者の織物とそして文章によって、世に伝えられていくのでした。

無頼派棋士がいた時代【2017年8月13日】

★2016年10月、当時史上最年少の14歳で藤井聡太さんがプロ棋士に。ブームを起こした

SMもの目当てで団鬼六作品を手に取るうちに、氏の将棋ものも読んでみるとむしろSMものより面白く、そこから将棋本にはまった時期があります。将棋のルールは知らない私にも、将棋本は勝負の興奮を味わわせてくれるのです。

今は藤井四段ブームということで、将棋が人気です。しかしスマートな彼と昔の棋士達を比べると、その印象はだいぶ違うもの。たとえば❶**升田幸三『名人に香車を引いた男——升田幸三自伝』（中公文庫）**によると著者は、大正八（一九一九）年に生まれ、将棋で身を立てるべく広島の実家を飛び出したのが、今の藤井四段と同じ十四歳。その時に書き残したのが、「名人に香車を引いて勝つ」でした。

放浪生活や徴兵を経験しながらも力をつけた升田は、本当に「名人に香車を引いて勝つ」のです。

升田は、様々な事件も巻き起こしています。が、我々はどこかで「将棋以外はダメ」という人物像を棋士に望んでいて、そんな升田に勝負師の凄みを感じているのではないか。

「将棋以外はダメ」な人の典型例が❷**団鬼六『真剣師 小池重明』（幻冬舎アウトロー文庫）**。小池重明は実在した真剣師、すなわち金銭を賭けた将棋で稼ぐ人。滅法強くて、プロもばったばったと斬っていく。……けれど、金と女と酒に極端にだらしなく、プロになれそうなチャンスも逃してしまいます。

『我々はどこかで「将棋以外はダメ」という人物像を棋士に望んでいる』

❶

❷

❸

酒のせいで、四十四歳で他界した小池。本で読む分には面白いのですが、近くにいたらさぞ迷惑な人でしょう。しかし将棋に「強い」という事実だけが、そんな生き方をも照らすのです。著者は小池を「悪魔」と書きますが、そんな悪魔を生み出した将棋への深い愛が感じられる一冊。

今のプロ棋士は皆、スマートでエリートという印象があります。が、**❸先崎学『摩訶不思議な棋士の脳』**（日本将棋連盟）。著者の先崎学九段から漂ってくるのは、昔風の無頼派棋士の残り香。

エッセイの名手としても知られる著者の文章からは、勝負の厳しさが伝わります。日々の生活で勝負をする機会が無い身にとっては、勝つ喜びのみならず負ける悔しさもまた、輝いて見えるのでした。

本書では、団鬼六の素顔も記されていました。生前、「生まれ変われるなら将棋指しになりたいわ」と言っていたという、団。それほどまでに人を虜にする将棋というものを、知りたいような知りたくないような……。

野球を追ってどこまでも【2018年4月8日】

日本でプロ野球が本格的にスタートしたのは、昭和十一（一九三六）年。この時、球団のオーナーとなったのは、新聞社が四社と、鉄道会社が三社でした。

❶田中正恭『プロ野球と鉄道――新幹線開業で大きく変わったプロ野球』（交通新聞社新書）は、タイトル通り、プロ野球と鉄道がいかにかかわってきたかをひもとく書。今では阪神と西武の二社のみになった鉄道系資本ですが、かつては多くの鉄道会社がチームを持っていました。

交通網の発展は、野球の勢力図を変えました。本拠地が一チームだけ遠隔地にあると、遠征距離が長く不利だったのが、新幹線や飛行機の発達で、距離のハンデが減少。広島が初めて優勝したのは「山陽新幹線のおかげ」と、当時のエース外木場義郎は語ります。

国鉄スワローズ出身の金田正一、大の鉄道ファン屋鋪要など、「鉄道と野球」に絞ったインタビューも興味深く、野球にとって「移動」の重要性が見えてきます。

❷関川夏央『海峡を越えたホームラン』（双葉文庫＝品切れ）は、一九八二年にスタートした韓国プロ野球の黎明期、韓国で活躍した在日コリアン選手達の日々を描いたノンフィクション。ここでも「移動」は選手にとって負担となっているのですが、バスでの深夜移動以上に在日コリアン選手達にとって重くのしかかったのは、文化の壁でした。

日本文化の中で育った選手

『新たな場所で生きようとする人に元ドラ1の姿は力となる』

達にとって、韓国の野球は日本の野球とは異なるもの。彼らは、そこが祖国なのか異国なのか迷いつつ、それぞれの方法でもがくのです。

必ずしも野球が「共通言語」にはならなくとも、それでも野球選手達は、今も野球を武器として、様々な環境に飛び込んでいきます。そんな様を示したのが❸元永知宏**『期待はずれのドラフト1位——逆境からのそれぞれのリベンジ』**（岩波ジュニア新書）。

ドラフト1位としてプロ野球に入る選手達は大きな期待を背負っていますが、期待に応えられる人ばかりではありません。ドラ1としては「期待はずれ」となったものの、その後、ビジネスマンや料理人等、別の道で勝負を続ける七人の生き方を、この本では追います。

それまでとは違う環境で、どう踏ん張るかが生きる上で大切なのだ、と若者達に伝える本書。今年も球春が到来しましたが、新たな場所で生きようとする人にとって、元ドラ1達の姿は力となることでしょう。

トイレタイムのお供には【2013年11月10日】

電車の中で読む本、寝る前に読む本……と、シチュエーション別に読む本を分けている方は多いかと思いますが、中でも慎重な選択を必要とするのは、トイレで読む本ではないでしょうか。長い時間座っていると下半身が冷えてしまいますから、できれば短く切り上げたい。であるから長編小説は無理だけれど、短くとも内容のあることを読みたい……、と。

私がトイレ本として愛読しているのは**❶大岡信『折々のうた』**（岩波新書）のシリーズ。和歌、俳句、詩。ほとんどが一行に収まる「うた」には、その解説が数行。トイレタイムの長短に応じて、〝一うた〟から〝数うた〟まで、好きな量を読むことができるのです。

選りすぐりの名歌・名句ばかりですから、後に残る余韻はまた格別。「出す」という行為と同時に素敵な言葉が頭には入ってきます。

同じ効能を持つのが**❷チャールズ・M・シュルツ『PEANUTS　勇気が出る言葉』**（KADOKAWA／角川書店）。スヌーピーの作者であるシュルツ氏の言葉を、PEANUTSのコミックスとともに紹介していきます。コミックスと言葉がひとつの見開きに収まるので、どこで読み終えてもすっきりとした気持ちに。

PEANUTSのコミックスに出て来る子供達は、時に詩的で、時にシニカル。大人が想像しがちな単純な世界を生きているわけではありま

『短くとも内容のあることを読みたい』

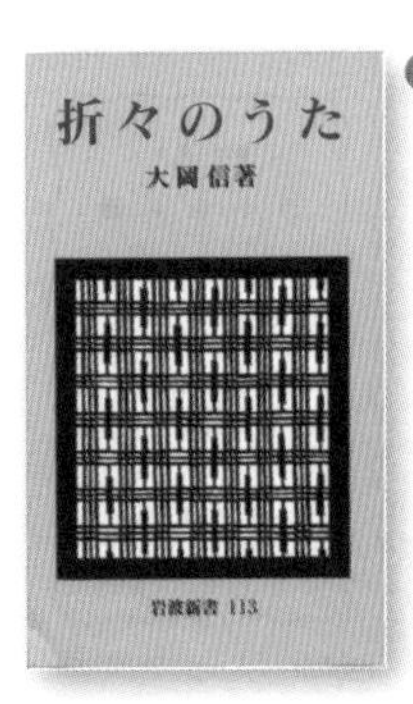

せん。子供の頃から愛読していたコミックスですが、大人になって初めて、登場する子供達がつくため息の意味がわかるようになった気もするのでした。

❸寄藤文平&藤田紘一郎『ウンココロ——しあわせウンコ生活のススメ』（実業之日本社文庫）は、その名の通りウンコ（ウンチではなくウンコと言い切ってみると、一皮剝けた気分になりますね……）の話が満載の本。子供というのは排泄物の名を叫ぶだけで大興奮する生き物ですが、子供時代と同レベルのウンコ愛をずっと持ち続けている寄藤文平さんが、ウンコの実体から健康なウンコまでを解き明かします。専門的な立場からは、藤田先生が解説をプラス。見て見ぬフリをされがちなものの姿が、明らかになるのです。

「ウンコカラーチャート」までつくこの一冊、トイレに置いておくと家族の健康に役立ちそう。出口の大切さが、よくわかります。

旅・鉄道

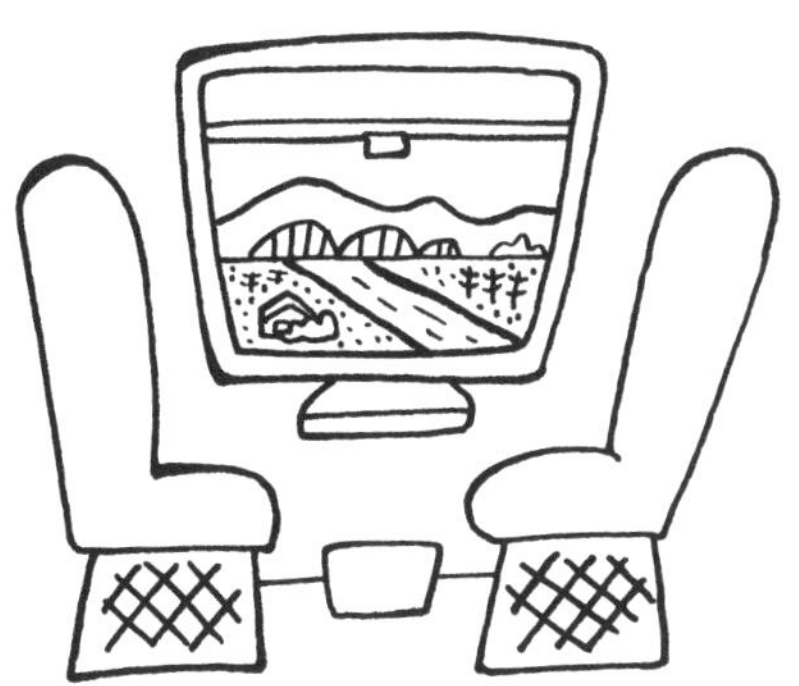

東と西は、なぜ違う？【2012年6月10日】

国内の旅をしていると、様々な面で小さな違いが地方ごとにあるのを発見するものです。

先日は、西日本のとある県の旅館の夕食において、天ぷらに最初からソースがかかっていて、驚きました。「これって……？」と思って調べてみたら、その名も❶**『決定版 天ぷらにソースをかけますか？——ニッポン食文化の境界線』**（野瀬泰申著、ちくま文庫）という本があるではありませんか。

早速読めば、東日本でソース派はほとんどいないのに、西日本ではソース派優勢とのことで、東日本の者である私にとっては新鮮な発見です。ネットによって集めた多くの情報に基づき、天ぷら問題のみならず、ぜんざいか汁粉か、肉まんか豚まんか、肉（豚）まんには何をつけるか……といった、ささいな、しかしその人の生き様を左右しかねない食の問題がキッチリと解決されていて、楽しいだけでなくとても美味しそう。

地方色を言葉の面から分析したのが❷**松本修『全国アホ・バカ分布考——はるかなる言葉の旅路』**（新潮文庫）。著者は、超人気番組「探偵！ナイトスクープ」のプロデューサー（当時）です。番組に寄せられた「アホとバカの境界線はどこにあるのか」という依頼を調べるうちに、全国規模の調査へと発展していきました。

様々なアホ・バカ系の言語を採集・整理していく作業は、アカデミックかつスリリ

『各地の独自性を「知る」ことが大切』

ング。言語が伝播していく歴史の軌跡が発見され、かつ心がじーんとするシーンまであるのは、さすが名番組の作り手と思わせます。

天ぷらにしてもアホ・バカにしても、最初に問題となるのは、「東西の境界線」です。ではなぜ狭い日本列島の中で東西の差異が生まれたのか、ということを知るには、**❸網野善彦『東と西の語る日本の歴史』（講談社学術文庫）**を。石器時代から始まり、歴史を丹念にひもとくことによって、東西文化の違いがいかに成立したかが、見えてくるのでした。

ここでは、東西の差異のみならず、東西がいかに交流してきたかについても、明らかにされています。昨今、西の文化が東へとずいぶん入ったり、様々な地方の方言が若者の間でブームになったりしています。情報が即座に伝わる時代だからこそ、文化の混交は急速に進むのでしょう。

各地の文化が「混ざる」ことも面白いのですが、その土地ならではの文化も、残ってほしい。そのためにはまず、各地の独自性を「知る」ことが、大切そうです。

旅を広げる「狭い窓」【2013年6月9日】

「狭き門より入れ」という言葉がありますが、旅をする時に私がおすすめしたい手法は、「狭き窓から見よ」というもの。

広い視野でその土地の全てを見たい、などと意気込んでいると、目標が壮大すぎて動きがとれなくなり、かえってその土地の表面ばかり見ることになりがち。対して、見たいものを「コレ」と絞ってひたすら見ていると、その小さな窓から意外にも深い世界が見えてくるものです。そして同じ窓から各地を見ることによって、比較対照も可。

どんな窓を選ぶかがその場合には肝心であるわけですが、たとえば**❶森井ユカ『おいしいご当地スーパーマーケット』**（地球の歩き方・電子書籍）を片手に、スーパー巡りはどうでしょう。地元の人が買い物をするスーパーに行くと、その土地の暮らしが見えてきます。秋の山形のスーパーには芋煮会用品が並び、冬の福井のスーパーには水ようかんが。

秀逸なパッケージとともに紹介されるのは、その地の人にとっては当たり前の、地場商品の数々。地域ごとに特色がある商品もあれば、姿を変えつつ全国どこにでもあるのが「麩（ふ）」だったりして、食生活という小窓からは、彩り豊かな世界が見えるのです。

地場デパートもまた、訪れたい場所のひとつ。札幌の丸井今井、仙台の藤崎、福岡の岩田屋……。**❷寺坂直毅『胸騒ぎのデパート』**（東京書籍＝品切れ）では、放送作家であり

『見たいものを絞って見ていると深い世界が見えてくる』

❶

紙版は絶版

❷

❸

デパートおたくの著者が、全国のデパートを訪れ、その来歴、特徴、エレベーターガールの制服から包み紙までを徹底解剖します。

地元の人にとっての〝地場デパ〟は、誇りでありランドマークであり、故郷の景色の一部。デパートをこよなく愛する著者であるからこそ、地元の人達のデパート愛を、しっかり汲みとるのでした。

美術館というと、旅の小窓としては当たり前すぎると思われるかもしれませんが、❸**猪本典子『猫と道草、アートの旅』**（小学館＝品切れ）では、立地や建築を含めた、イノモト流の美術館紀行が楽しめます。草間彌生の出身地であるが故に松本市美術館では自動販売機が水玉模様だし、島全体が美術館になっているのは、瀬戸内海に浮かぶ直島です。

日本の地場美術館の進化は著しいと、実感することしきりの本書。美術館がなければ行かないであろうというその地まで、足を運んでみたくなるのでした。

列車旅と女性作家【2017年7月9日】

★イギリス生まれの女性推理作家アガサ・クリスティー（1890〜1976年）は9月15日生まれ

「誕生日が一緒」という極私的理由から、アガサ・クリスティーに勝手に親しみを抱いています。数あるミステリーの中でも、『オリエント急行の殺人』『ナイルに死す』といった〝観光もの〟は読者の旅心をくすぐる作品。

❶**東**（あずま）**秀紀『アガサ・クリスティーの大英帝国』**（筑摩選書）は、そんなクリスティー作品における観光成分にスポットライトを当てた評論です。長く生き、長く書いたクリスティーの作品における観光の扱われ方の変遷を見ることによって、イギリスという国が観光をどう捉えてきたかがわかるのでした。

彼女のキャリアの初期、舞台にしたのは田園でした。事件は、平和で平凡な村に起きていたのです。

一九二〇年代になると、第一次世界大戦後の好景気のせいで、世は「観光の時代」へ。そんな空気を察知したクリスティーは、旅と事件とを絡ませた作品を書くようになります。

その端緒となったのが❷**アガサ・クリスティー『青列車の秘密』**（青木久惠訳、ハヤカワ文庫）。イギリスからの連絡船が到着するフランスの港町・カレーから、パリを通って南フランスへ向かう「青列車」は、当時「成金列車」と呼ばれたと本文にあるように、豪華列車として知られていました。

その列車内で起こる、アメリカの富豪の娘の殺人事件。宝石、高級ホテル、貴族……といった言葉がそこここにち

『クリスティーの人生も列車旅のように華やかで変化に富んでいた』

❶
東 秀紀
アガサ・クリスティーの大英帝国
名作ミステリと「観光」の時代
筑摩選書

❷

❸

りばめられ、読者は自分も豪華列車に乗っているような気分に浸ることができるのです。

一九三〇年代も、多くの観光ミステリーを書いたクリスティー。その中に中東地域が多く登場するのは、彼女がオリエント考古学者と再婚したせいでしょう。そして第二次世界大戦中は、国土への愛を再確認するイギリス国民に田園ミステリーが受け入れられるようになり、戦争が終わってマス・ツーリズムの時代となれば、ミス・マープルがカリブ海へ旅をする……。

『青列車の秘密』において、私立探偵のエルキュール・ポアロは、人生を列車にたとえています。クリスティーの人生もまた、列車旅のように華やかで、変化に富んでいたのでした。

そして日本で観光ミステリーの女王といえば、山村美紗。今もなお、テレビ番組表の二時間ドラマの欄にその名を見れば、華やかな気分になるものです。

❸山村紅葉『京都ミステリーの現場にご一緒しましょ』（PHP研究所・電子書籍）は、美沙の一人娘であり、二時間ドラマの常連である著者が、ドラマで殺人事件の舞台となった名所を紹介する書。観光地に殺人は、やっぱりよく似合うのです。

つながる線路、さかのぼる人生【2016年2月14日】

★三陸鉄道リアス線は2019年10月の台風19号でも被災したが、2020年3月に復旧した

アガサ・クリスティーには、当初全く別の名前で発表された数冊の作品があります。殺人が出てくるミステリーではない、人間ドラマを描いたそれらの作品が私は好きなのですが、中でも傑作は**❶『春にして君を離れ』（中村妙子訳、ハヤカワ文庫）**。

バグダッドに住む娘を訪ねたイギリス人中年女性がロンドンに戻る途中、汽車のトラブルにより、砂漠の町で数日間の足止めを余儀なくされます。読む本すら無い中で、彼女は自分と向き合うしかなくなるのでした。自分の胸に開いた暗い穴を覗（のぞ）き込んだ彼女は、その先の人生を、どう生きていくのか。ミステリーではないものの、最後にはクリスティーらしいどんでん返しが、待っています。

『オリエント急行の殺人』など、鉄道使いも上手だった著者。人生の途中で、そして線路の途中で立ち止まった時に見えてくるものを、恐ろしいほど鮮やかに描き出すのでした。

線路はしばしば、私達を過去へと連れていってくれるものですが、**❷関川夏央『寝台急行「昭和」行』（中公文庫）**が漂わせるのは、昭和のにおい。収められているのは、新幹線0系、寝台特急「はやぶさ」といった、昭和を思わせる列車の乗車記ばかりではありません。様々な路線に乗りまくった後には、高度経済成長期のサラリーマンが覚えていた「多忙という満足」に思いを馳（は）せるのでした。見知らぬ者同士が鉄道の中で声を交

『列車はタイムマシン。過去へも、未来へも走る』

❶

❷

❸

わすのは、かつて当たり前の光景であったのに、それが変わったのは昭和三十三（一九五八）年にビジネス特急「こだま」が登場した頃だったのだそう。列車に揺られながらの著者の思索は、読者を旅先へ、そして昭和へと連れていってくれるのであり、列車はタイムマシンでもあることに気づかされるのでした。

　過去へ進む列車もあれば、未来へと走る列車もあります。『寝台急行「昭和」行』には「三鉄」こと三陸鉄道の乗車記が収められていますが、その後の東日本大震災で、三鉄は甚大な被害を受けました。しかし多くの困難を乗り越えながら、三年がかりで全線で運転再開。三鉄社員の**冨手淳**（とみてあつし）さんが、復旧までの日々を記したのが❸**『線路はつながった――三陸鉄道　復興の始発駅』**（新潮社・電子書籍）です。

　諦めずに努力を積み重ねていくことにより、三鉄の線路はつながりました。しかし復旧は、それで終わったわけではありません。沿線の人口減等、問題は山積。三鉄はこれからも、未来を切り拓（ひら）きながら、走ってゆくのです。

スピードアップか、環境か【2021年4月10日】

❶**獅子文六『七時間半』**（**ちくま文庫**）は、東京―大阪間が鉄道で七時間半かかった、一九六〇年ごろが舞台の物語。「つばめ」をモデルとしたとおぼしき特急「ちどり」に乗り合わせた人々が、大阪に着くまでの時間でてんやわんやのラブ・アフェアを繰り広げます。

これは、今のように二時間半で東京から大阪に到着したらとうてい成立しない物語です。鉄道という走る密室での七時間半は、様々な物語を進行させるのに十分な時間なのでした。

「ちどり」は、スピードアップした特急「いそぎ」（モデルは「こだま」）の登場により、ロートル感を帯びてきた列車として描かれます。日本全体がスピードアップを目指していた時代の疾走感もまた、この本は醸し出すのでした。

さらに前の時代には、スピードアップへの欲求のために犠牲になった人々がいました。❷**吉村昭『闇を裂く道』**（**文春文庫**）は、熱海と三島を結ぶ丹那トンネルの開通までを描いた長編小説ですが、そこでいかに多大な犠牲が払われたかが、本書では克明に記されます。

東海道線の黎明期は、トンネル掘削技術が未熟だったため、国府津―沼津間では、箱根の外輪山を迂回する御殿場ルートが採られました。

しかし勾配が急な上に遠回りの、そのルート。丹那盆地の下にトンネルを掘ってショートカットすべく着工し

『人間が自然に挑むのは無謀。それでも挑まずにいられないのが人の性』

たのは、大正七（一九一八）年でした。

工事は、難航します。大量の湧水や落盤事故等で六十七名の人命が犠牲となり、完成したのは十六年後のこと。

のみならず大量の湧水は、丹那盆地に渇水をもたらしました。トンネルは盆地の住民から、生活用水、農業用水を奪ったのです。人間が自然へと挑む無謀さと、それでも挑まずにいられない人の性を、本書は明らかにするのでした。

そんな歴史を持つ鉄道は、今はエコな乗り物として注目されてもいます。**❸宮脇俊三『夢の山岳鉄道』（ヤマケイ文庫）**は、鉄道が「自然に優しい」乗り物であることに早くから気づいていた著者による、山岳鉄道推奨の書。一九九〇年代初めに書かれた作品の復刻版となっています。

目次に並ぶ「上高地鉄道」「富士山鉄道・五合目線」といった路線名は、どれも著者が考えた架空の鉄道です。他にも屋久島、奥多摩、比叡山等の山々を巡りつつ、著者は山岳鉄道の敷設計画を真剣に模索するのであり、時代に先駆けた発想に触れるにつれ、「何とか実現できないものか」との思いが募るのでした。

賛否両論、鉄道敷設【2017年4月9日】

❶江上剛『クロカネの道をゆく――「鉄道の父」と呼ばれた男』（PHP文芸文庫）は、長州藩士の息子として幕末に生まれ、やがて青雲の志を抱いて伊藤博文らと共にイギリスへ密航した井上勝の一代記。日本に鉄道が走り、人や物が自由に行き来するようになってこそ、国としてのまとまりが生まれる。……との信念のもと、井上は幾多の困難を乗り越えてイギリスで勉学に励み、帰国後は鉄道敷設に邁進（まいしん）します。

出世よりも、「クロカネの道」を少しでも早く、長く日本に走らせることに没頭した井上は、日本で最初に、鉄道に魅入られた人なのかも。彼の猪突猛進（ちょとつもうしん）な生き様は、レールをつき進む列車の姿とも、重なります。

『クロカネの道をゆく』にも記されますが、鉄道の黎明期には、西郷隆盛や黒田清隆などが、鉄道敷設に対して激しく反対しました。のみならず鉄道敷設にあたっては、様々な事情から反対する動きもあったのです。

今も日本各地にその手の「鉄道忌避伝説」が残されますが、果たして鉄道反対運動は本当にあったのか、と検証するのが**❷青木栄一『鉄道忌避伝説の謎――汽車が来た町、来なかった町』**（吉川弘文館）。特に街道筋の宿場町では、鉄道が走ると町が衰退する、という理由から「あえて鉄道を拒否した」という話が残るケースがあるけれど、それが資料としては残っていないことが多いのです。

『ゼロから1にする時の守旧派による反対は非常に激しい』

❶

❷

❸

なぜその手の「伝説」が多く残ったのかを考察しつつ、実際にあった鉄道への反対運動についても記す本書。それによれば、やはり鉄道創業時の、すなわちゼロから一にする時の守旧派による反対は、非常に激しいものであった模様。今となっては当たり前に走る鉄道ですが、それがどのようなものかを知らない人々に敷設を納得させようとした井上らの苦労が、偲ばれます。

　井上は東京駅開業の数年前に世を去りましたが、開業に先だってその銅像が、丸の内側に建てられました。❸**種村直樹『東京ステーションホテル物語』（集英社文庫）**を読むと、ステーションホテルの歴史を通じて、東京駅、そして日本の鉄道の歴史を、理解することができます。

　長年、東京駅の繁栄を見守った井上の銅像。しかし地方に目を移せば廃線問題が取りざたされることが多い今の日本の鉄道業界の現状を、彼ならどのように捉えるのでしょうか？

蒐集することの崇高さ【2015年6月14日】

さるコレクターの方が、「死ぬその日まで集めるのが、蒐集家」とおっしゃっていました。そこで手に取ったのは、**❶柳宗悦『蒐集物語』（中公文庫）**。民藝運動の創始者であり、自らが蒐集した物を集めて日本民藝館をつくった柳宗悦は、蒐集に対して、どのような意識を持っていたのでしょう。

驚いたのは、「集める者は、物の中に『他の自分』を見出しているのである。集まる品はそれぞれに自分の兄弟なのである」という文。蒐集とは、自分の陣地を広げるように物を集めることだと思っていたのですが、実はちりぢりになっている自分をとりまとめるための行為だったとは。

著者は、蒐集という行為は社会の役に立たなくてはならない、という使命感も抱いています。ですから自分の欲に走った蒐集や、くだらない物の蒐集には、手厳しい。「良き蒐集家は第二の造り主である」という一文に、崇高なる蒐集魂を見た気がしました。

かねて私は、鉄道趣味における「乗りつぶし」という行為も、蒐集の一種ではないかと思っていました。鉄道ファン達は、鉄道に関する経験のみならず、知識をも蒐集しています。乗りつぶしにも、知識の吸収にも興味の無い私が、しばしば男性鉄ちゃんから「あなたは本当に鉄道が好きなのか」と問い詰められるのは、彼我では「好き」を表現する手法が違うから。

❷宮脇俊三『時刻表2万キ

『鉄道趣味の「乗りつぶし」も蒐集の一種』

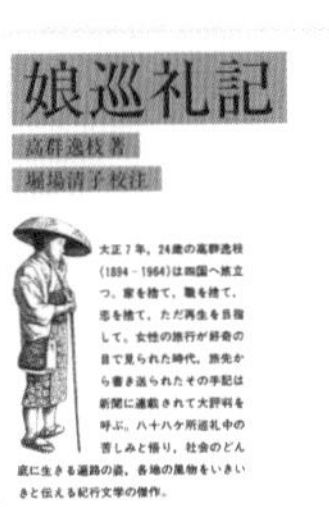

口』（河出文庫）は、世に鉄道趣味を、中でも「乗りつぶし」というジャンルがあることを知らしめた名著です。著者は、出版社に勤務する傍ら、こつこつと旧国鉄全線二万八百キロに完乗したのです。

そこに漂うのは、「大人がこんなことに夢中になって」というそこはかとない含羞（がんしゅう）と、哀愁。完乗を果たした後の、「乗るべき線がないから、もう書くこともない」という文章は寂しいけれど、その後には希望も見えて、趣味を持つ人の幸いが感じられます。

蒐集に対する感覚の男女差が著しいことは知られていますが、四国八十八カ所巡礼もまた一種の蒐集行為と考えるならば、❸高群逸枝（たかむれいつえ）『娘巡礼記』（堀場清子校注、岩波文庫＝品切れ）は、興味深い書。大正七（一九一八）年、二十四歳で全てを捨てて巡礼へと旅立った逸枝は、後に日本における女性学の先覚者に。巡礼という蒐集行為は、逸枝にとって、女である自己を見つめる契機ともなったのではないでしょうか。

「裏」の、湿り気【2015年2月8日】

★2015年3月14日、長野から金沢まで延伸した北陸新幹線が開業

三月十四日、いよいよ北陸新幹線が開通します。金沢、富山というと今まで「遠い地」との印象だったのが、東京から金沢まで二時間半で行くことができるとは、嘘のよう……。

日本海側の地は、「裏日本」と呼ばれていた時代があります。いつ頃、そしてなぜ、「裏」という感覚が生まれたのかを解き明かすのが、❶**古厩忠夫『裏日本』**（岩波新書＝品切れ）。サブタイトルに「**近代日本を問いなおす**」とあるように、「裏」感覚が発生したのは、近代以降のことでした。

江戸期までは、北前船が盛んに往来し、経済的にも文化的にも重要な地であった日本海側。それが明治以降、交通が鉄道や自動車へと転換し、工業の発達に伴い太平洋側が重視されるように。日本の近代化が「裏」をつくった流れが見えてきます。

若狭の貧しい家に生まれた**水上勉**は、日本海側を舞台にした小説を多く記しています。自らの〝裏性〟をセールスポイントにしたと言っていいのでしょう。

代表作❷**『飢餓海峡』㊤㊦**（新潮文庫）において、悲しい運命を背負うことになった男・樽見京一郎は、京都府の北部、丹波の貧しい家の生まれ。水上が生まれた家と同じように、次男以下は生地に残ることができないため遠くに働きに出なくてはならず、そこで悲劇が発生する……。

水上作品の多くは、昭和期の日本海側に生きる人々の、

『経済発展の陰にあった「裏」の湿度が日本人の共感を得た』

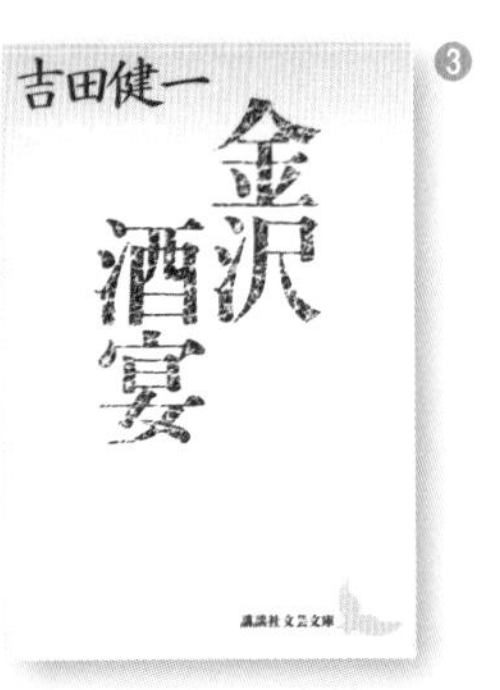

湿り気の多い悲哀を描きます。彼が大流行作家となったのは、日本の近代化、経済発展の陰にあった「裏」の湿度が、多くの日本人の共感を得たからなのでしょう。

東京や京阪神といった大都市とは山で隔てられる、日本海側。太平洋側から見ると、そこは近くて遠い地でした。しかしだからこそかきたてられる憧憬(しょうけい)があって、❸**吉田健一『金沢・酒宴』**（講談社文芸文庫）など読めば、彼の地に抱くロマンチックな気分は増すばかり。

東京に住むある男が金沢に家を構えて、酩酊(めいてい)の日々を送る様を描く、「金沢」。自身も金沢を愛した著者の姿が重なるこの物語は、時に時間や空間も飛び越えるのであり、読んでいるうちにこちらも酩酊気分になってきます。

東京者にとって日本海側は、そんな気分をもたらす地なのです。金沢まで新幹線ですぐ着くようになって、今まで脳内で醸成されていたロマンと湿り気はどうなるのか。不安のような楽しみのような気分です。

「北」の情緒に引かれて【2014年9月14日】

秋になると聴きたくなるもの、それが演歌。真夏に演歌を忘れているのは、やはり演歌には北とか雪とかが似合うせいなのでしょう。

私世代にとって、子供の頃の紅白歌合戦を彩った〝北演歌〟で最も印象深いのは、「北の宿から」や「津軽海峡・冬景色」です。両曲の作詞者の**阿久悠**さんは❶**『作詞入門――阿久式ヒット・ソングの技法』**（岩波現代文庫）の中で、「北へ向かえば失意、北から南へ向かえば希望という図式」ができていた、と記します。あの時代は、まだ北への女一人旅は当たり前でなかったし、青函トンネルもなかった。演歌的情緒が北にたっぷり残されていた時代だったのです。

❷**赤坂憲雄『北のはやり歌』**（筑摩選書＝品切れ）は、「リンゴの唄」から始まる〝はやり歌〟を北側から見る試みです。はやり歌において、「帰る」方角が北だと、そこには悲劇の雰囲気が漂うこと。東北の先には北海道があり、また列島内にとどまらず旧満州という「北」の色合いも、歌の歴史には見えること。そして「北」から東京へとやってくる人々の玄関口であった上野駅もまた、「北」の歌の題材となること。……と、「北」の匂いが、いかに日本人の情緒を刺激するものであるか、そして北の匂いは時代とともにどのように変化してきたかが、ひもとかれるのでした。

演歌というと昔からあるジャンルのような気がしていましたが、しかしそうではな

『真夏に演歌を忘れているのは、北や雪が似合うせい』

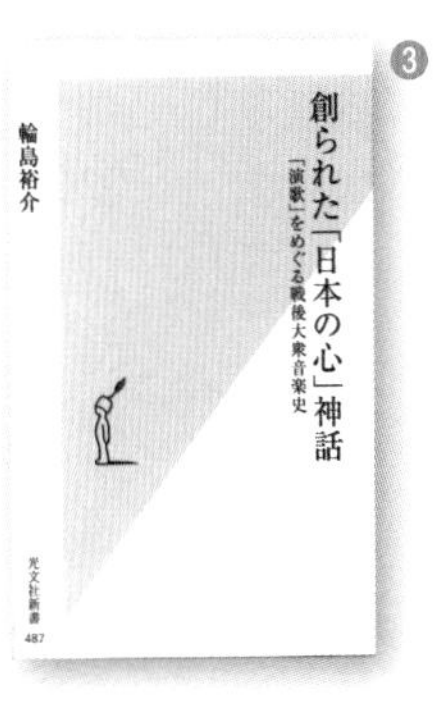

いことを説くのが、**❸輪島裕介『創られた「日本の心」神話――「演歌」をめぐる戦後大衆音楽史』**（**光文社新書**）。

そういえば八代亜紀さんのコンサートに行ったら、

「昔は『演歌』って言わなかったの。『流行歌』って言ってたのよ」

とおっしゃっていましたが、本書を読むと、その意味がわかります。「演歌」という言葉そしてジャンルは昭和四十年代に創られ、そして「演歌は日本人の心」などと、我々の魂と元々結びついていたかのように語られるようになったというのです。

中年になって、次第に「演歌っていいわー」と思うようになってきたのは、私がそんな〝演歌マーケティング〟を子供の頃に刷り込まれた、最後の演歌世代だからなのか。いずれにせよ、そろそろ亜紀ちゃんやさゆりちゃんのしっとりした歌声が恋しい季節になってきましたよね……。

京都好きが書く〝嫌京本〟【2015年10月11日】

雑誌の京都特集が目立つ、秋。京都は人の表現欲を刺激する街なのであり、京都関連本もたくさん出版されています。

その多くが京都礼賛型の本であるわけですが、そんな中で❶**井上章一『京都ぎらい』（朝日新書）**に目をひかれました。洛西・嵯峨で生まれ、宇治に住む著者に「京都人」の自覚は無いのだそう。余所者（よそもの）からしたら、嵯峨も宇治も京都、という感じがしますが、「中華思想」の強い京都においては、洛中と洛外では歴然とした差がある模様。著者の若き日、杉本秀太郎氏から言われた嵯峨を揶揄（やゆ）する一言が象徴する、京都における中華思想の深淵に迫ります。

井上氏の〝嫌京感〟が、洛外出身故のものだとしたら、❷**玉木正之『京都祇園遁走曲（とんそうきょく）』（文春文庫＝品切れ）**で表現される嫌京感は、祇園で育った人のもの。主人公は、著者がモデルとおぼしき男子高校生。何かがあると噂話（うわさ）はあっという間に広がり、常に近所の人の目が光るという鬱陶（うっとう）しい村社会のような祇園から出ていきたいがために、彼は東京の大学へ進学を決めます。しかしいざ離れるとなると、祇園の良さが感じられるようになってきて……。

甘酸っぱい青春物語でありつつ、洛中の真ん中に佇（たたず）む祇園という土地の独自さを感じさせるこの本。一方で、他者を上手に受け入れる京都の一面も見えてくるのでした。

京都に住んだこともあり、京都を舞台にした作品も多い

『京都は人の表現欲を刺激する街』

水上勉（みずかみ）は、同時に嫌京感も抱いていた人です。若狭の貧しい家に生まれ、十歳で京都の寺の小僧となった水上は、そこで都の嫌な面も体感したのであり、京都に対しては愛憎半ばする感覚を抱くのです。

あるエッセイでは、自身の故郷である若狭について、「若狭は中世から京都にかしずいてきた」とありました。良い魚も工芸品も皆、若狭の人は京都へ運んでいった。そして昭和に入れば、若狭に造られた原発が都市部へ電力を供給しているのだ、と。

そんな水上の❸**『故郷』**（**集英社文庫**）は、アメリカで成功した夫妻が、老後を過ごすために故郷である若狭へ帰る物語。しかし三十年ぶりの若狭で見たのは、原発と過疎の問題でした。

それは、京都に限った話ではありません。周辺地域から様々な事物を吸い取って輝き続ける都市は、愛されながらも憎まれる存在なのであり、嫌京本はそんな都市の宿命を私達に示唆するのでした。

水辺に似合う人間関係【2013年9月8日】

人気の朝ドラ「あまちゃん」は、三陸の海と親しむヒロインのお話です。彼女達を襲った、東日本大震災と津波。私達は朝ドラを見て改めて、海と人との関係を考え直すことになりました。

『海岸線の歴史』（ミシマ社）において、海岸線が異様とも言っていいほど長い（アメリカの一・五倍、中国の二倍）日本において、日本人と海そして浜の関係性の見直しを訴えた**松本健一**氏。松本氏が震災後、被災した三県を歩きなおし、それぞれの海岸線の特性と、人間が自然を支配しようとしてきた歴史とを見つめたのが、**❶『海岸線は語る――東日本大震災のあとで』**（ミシマ社）です。海辺に暮らす民として、改めて海に対する敬意と畏れとを抱く必要性を、本書は訴えるのでした。

海は、我々にとってロマンティックな思いを抱かせる場でもあります。サザンオールスターズをはじめとし、海を舞台としたヒットソングは多いし、夏の恋といえば海が舞台、というのが定番。

そんな海のイメージの歴史をひもといたのが、**❷瀬崎圭二『海辺の恋と日本人――ひと夏の物語と近代』**（青弓社ライブラリー）。近代以前は、祈りの場であり漁撈（ぎょろう）の場であった、日本の海。そこに西洋文明の一端である海水浴が盛んになったのは、明治二十年代からとのことでした。そして海水浴の歴史とともに、海辺と恋というカップリングも、しばしば見られるようになるのです。

★ＮＨＫの連続テレビ小説「あまちゃん」は２０１３年度上半期に放送された

『時代ごとに描かれる海辺の恋は、日本人の男女関係の変遷もあぶり出す』

❶

❷

❸

「金色夜叉（こんじきやしゃ）」「こころ」「太陽の季節」……と、時代ごとの文学作品の中で描かれる海辺の恋は、日本人の男女関係の変遷をも、あぶり出すようです。

個人的好みを言うならば、私は海水派ではなく淡水派。しかし海が出て来る歌や本は多いけれど、湖沼は地味な存在感で、あまりスポットライトが当たりません。そんな中で私を喜ばせるのは、❸**山口瞳『湖沼学入門』**（**講談社文庫**）。

学術書のようなタイトルですが、こちらは湖沼ばかりに赴く紀行エッセイです。お酒を飲みつつ、スケッチをしつつ巡るのは、余呉（よご）湖、木崎湖、十三湖といった、渋ーい存在感の〝水たまり〟の数々です。

旅をするのは男ばかりのメンバーで、そこに色気はありません。が、海が色恋に似合う場所なのだとしたら、湖沼は淡々とした人間関係が似合う場所なのかも。読後感もすっきり爽やかであり、これこそ淡水の魅力なのです。

静かに深く、誘う湖【2017年6月11日】

同好の士がなかなか得られないのですが、湖を愛しています。

同じ水たまりでも、海と比べると湖は地味な存在であり、文学に取り上げられる頻度も低いのです。が、だからこそ数少ない湖本は胸に染みるもの。

❶**松本清張『影の地帯』**（新潮文庫）は、湖が重要な鍵となる小説です。仁科三湖は信州にある美しく静かな湖ですが、そのうちの木崎湖、青木湖で何かを投げ込む音を聞いた男が、本書の主人公。誰が、何を投げ込んだのかを探るうちに、彼は深い闇へと巻き込まれることになります。

野尻湖、諏訪湖も登場し、湖好きにはたまらない舞台設定のこの一冊。湖が静謐であるからこそ、何かが投げ込まれた「音」は、際立つのでした。

湖好きはどうしても、ダム湖よりも自然湖の方を好む傾向にあります。しかし、❷**泡坂妻夫『湖底のまつり』**（創元推理文庫）は、ダム湖でなければ成立しない小説なのであり、ダム湖が抱く物語性に目覚めさせられます。

恋の痛手を癒やすため、一人で東北にやってきた若い女性。川原に佇んでいたところ、急な増水によって流されてしまいます。助けられ、運ばれた先は、ほどなくしてダムに沈む運命にある集落でした。

読むうちに、多くの謎が浮かんでは沈むこの小説。ダム湖と自然湖の見分けがつかないのと同じように、ただ眺め

『静謐であるからこそ、投げ込まれた「音」は際立つ』

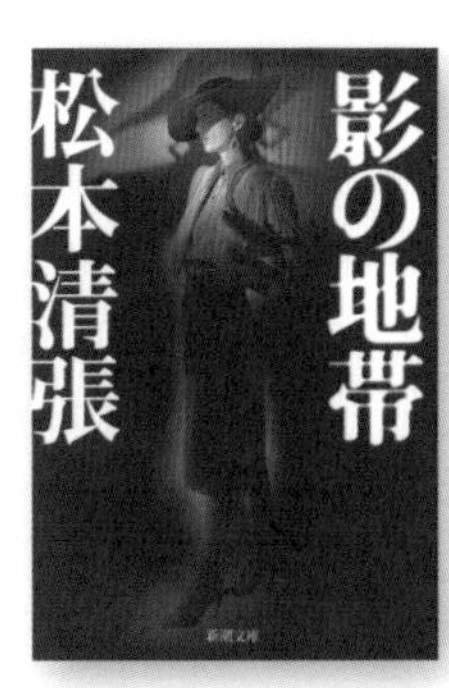

❶

❷

❸

ていただけでは見分けのつかないものが世の中にはたくさんあることを、読み終わると痛感するのです。

川端康成は、その名も❸**『みずうみ』（新潮文庫）**という小説を書いています。美しい女性を見ると、その後をついていかずにいられない性癖を持つ男。彼の母の里はとある湖畔の村であり、美しい湖の思い出を、胸の中に抱いています。

ある少女の目が「黒いみずうみのよう」に思えて「その黒いみずうみに裸で泳ぎたい」と願う、男。女への憧憬は絶望と隣り合わせなのだけれど、夢の中を漂うように、男は歩くのです。

湖は、海のように饒舌（じょうぜつ）ではなく、ただ静かに私達を誘惑します。湖にボートを浮かべていると、ふと水の中に入って奥底まで行ってみたいという誘惑に駆られるように、『みずうみ』の主人公の男は、美しい女性達の後をついていく。しかし彼が湖の底に到達することは、決してないのでした。

学校・スポーツ

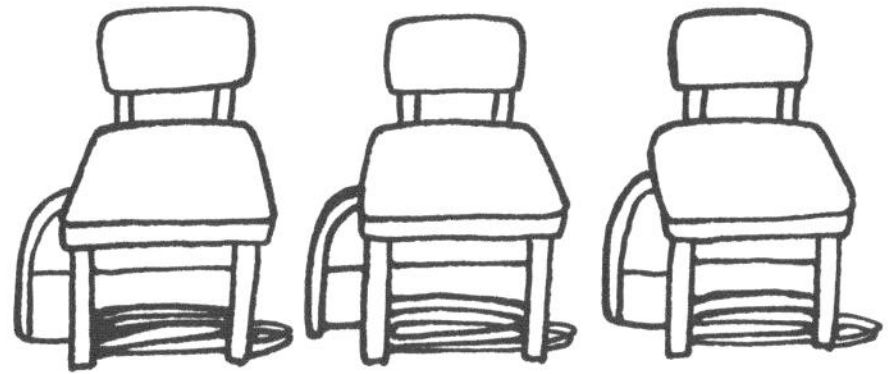

離れてわかる先生のこと【2015年4月12日】

学校に通っていた時分、「先生」のことは苦手でした。あちらの方が常に偉くて正しくて、こちらはいつもびくびく、というような。

しかし大人になると、先生のありがたみも、先生の大変さもまたわかってくるもの。❶**夏目漱石『坊っちゃん』**（**新潮文庫**）を読み返すと、「これって『先生だって、人間だ』および『先生だって、大変だ』っていうことが書いてある本だったんだナー」と思うわけですが、初めて読んだ若い頃は、どうもピンと来ませんでした。「まだ時代が明治だったから、こういう特殊な人も先生になることができたのだろう」くらいの感覚だったのですが、今になるとわかります。変人も、先生になるということが。そして子供の頃は、「先生」はたいそう特別な仕事だと思っていたけれど、決してそうではないということが。

大人になって初めてわかる、師の恩。それを描いたのが、❷**東村アキコ『かくかくしかじか』**①〜⑤（**集英社愛蔵版コミックス**）。作者の故郷・宮崎において、美大を受験するために通った絵の教室の先生にまつわる漫画です。無茶苦茶にハードな要求を生徒に突きつけ、竹刀を片手に生徒を鍛えまくる、先生。必死に先生についていく、作者。てんやわんやの末、作者は美大に合格して故郷を離れ、ということは先生の元から巣立っていくことになる……。

号泣必至のラスト。先生との間に、このように劇的な物

『変人も、先生になる。本もまた自分の先生だった』

❶

❷

❸

語がつむがれた人は少ないかもしれないけれど、しかし「自分に何かを与え続けてくれた人」の顔が、確実に頭に思い浮かびます。

❸**井上ひさし『モッキンポット師の後始末』**（講談社文庫）は、私が小学生の時に、大笑いしつつ夢中になった小説。仙台のカトリック系児童養護施設から東京に出てきて、カトリック系学生寮に入った主人公。常に金欠状態の仲間三人と悪巧みをしては、指導神父であるフランス人のモッキンポット師に尻拭いをしてもらう……。これもまた著者の青春時代がベースとなった小説であり、ギリギリのところで救いの手を差し伸べる関西弁の神父は、人情味たっぷり。

今読むと、私は物語のそこここに、自分の中にも生きているフレーズや、「笑ってもらいたい」という精神があることに気づきます。そして、本もまた自分の先生であったのだと、学校から遠く離れた四月、ハタと理解するのでした。

制服のもつ意味は？【2019年5月12日】

日本で初めて女学生の制服に洋装が取り入れられてから、百年。**❶森伸之監修・内田静枝編著『ニッポン制服百年史――女学生服がポップカルチャーになった！』（河出書房新社）**は、百年の歴史を振り返り、日本の女学生達が今まで、制服をどう咀嚼（そしゃく）してきたかをひもときます。

「平成は制服の時代だった⁉」と帯にありますが、昭和末から制服のモデルチェンジブームが起こると、女子高生達は制服を喜んで着るようになりました。制服は、自分が女子高生であることを証明する、しるし。制服のない学校の生徒も〝なんちゃって制服〟を着るようになり、日本の制服風ファッションは、海外にも広がったのです。

制服という〝縛り〟に反発するのでなく、したたかに利用するようになった女子高生達。この内向きのパワーは、確かに平成という時代ならではなのでしょう。

令和で注目される制服といったら、東京オリンピックのそれ。**❷安城寿子（ひさこ）『1964東京五輪ユニフォームの謎――消された歴史と太陽の赤』（光文社新書）**では、前回の東京五輪の開会式ユニフォームは石津謙介デザイン、という俗説の誤りを指摘。さらには、日本選手団の歴代ユニフォームを振り返り、問題点を洗い出します。

シドニー五輪開会式における、「国辱ユニフォーム」とまでいわれた虹色マントのトラウマはいまだ我々から消えず、次の東京ではどうなる

『“縛り”を利用する女子高生達のパワーは平成ならでは』

のか、という不安が渦巻きます。JOCの発表によると、パラリンピック選手団も五輪選手団と同デザインのユニフォームになったり、ジャケットに限定しない等、著者が指摘する問題点は改善されるようですが、「世界の人達にオッと思ってもらえるデザインにしてもらえれば」というJOC担当者の言葉に、やはり不安は拭えない……。

　しかしどんなデザインであれ、ある団体に属したならば着なくてはならないのが、制服なのでした。❸**グレアム・スウィフト『マザリング・サンデー』**（真野泰(やすし)訳、新潮クレスト・ブックス）は、制服を着る職業の代表格であるメイドが主人公の物語です。

　年に一度、メイド達が仕事から解放されて里帰りをすることができるマザリング・サンデーという日に起きた出来事を描く、この物語。制服を着せる側と着せられる側がその日には一時的にフラットな関係性になり、主人公は、やがて制服と無縁な世界へと旅立っていく……。

　制服は一度も登場しない、この物語。しかしこれは確かに制服を着ることと脱ぐことの意味を考えさせる「制服小説」なのだと、私は思います。

女子校は何のために【2018年8月12日】

❶森伸之『女子校制服手帖』（河出書房新社）の帯には「制服研究歴40年の著者」とあります。一九八五年に刊行された著者初の制服本『東京女子高制服図鑑』から愛読している私もまた、制服愛好歴がずいぶん長くなったものよ……。

と『図鑑』を見返すと、当時の女子高生のイラストは、髪形が聖子ちゃん風だったり、ジャンパースカート採用率が今よりずっと高かったりと、女子高生と制服とが、いかに変化してきたかを実感します。『手帖』においては、そんな中でも伝統を守り続けるクラシックな制服の数々が紹介され、濃縮された制服の可愛(かわい)さを堪能することができるのでした。

男女の差異が減る今、女子だけの学校の存在価値が問われつつありますが、それでも女子校には、独特の魅力があるもの。そんな独特さの表と裏とを解き明かしたのが、**❷辛酸なめ子『女子校育ち』**（ちくまプリマー新書）です。

女子校の分類から始まり、その特性や培われがちな気質をあますところなく探ることができるのは、自身も女子校出身の著者だからこそ。異性の視線にとらわれることなく、個性を暴発させることができる女子校という世界に、人生の一時期、どっぷりと浸ってみるのも、悪くありません。

❸三浦しをん『ののはな通信』（KADOKAWA＝品切れ）は、横浜のミッション系名門女子校に通う二人の少女の手

『女子校は細かな差異が残酷なまでに浮かび上がる場所』

紙のやりとりから始まる物語です。正反対の個性を持つ二人は親友となり、やがて友人という垣根を越えるように。

女同士で恋心を抱くことは、女子校ではしばしば見られる現象です。ではそんな恋心の終着点は、どこにあるのか。やはり女子校出身の著者は、二十年にわたる往復書簡という形式で、「その先」を追いました。

女しかいない女子校は均質化された世界ではなく、細かな差異が残酷なまでに浮かび上がる場所です。そんな差異は、女子校という守られた場所から飛び出した後にますます際立っていくわけで、そのせいで、いくら女子校時代に「私達、ずっと一緒」と思っていても、やがて生き方はばらばらに。

しかし時が経つと、彼女達は互いの差異を認め合うことができるようになるのでした。女の生き方は、ステレオタイプな型に押し込めることができるものではない。人生の中で、互いの〝違い〟を認識し合い、より遠くへとはぜていくために、若い一時期に同性だけで同じ制服を着て過ごす場所が、女子校なのかもしれません。

甘くて苦い部活小説【2013年3月10日】

学生時代、部活は仕事のようなものでした。今考えれば「なぜあれほど」と思うほど打ち込み、悩み、喜び、泣いた。

だからなのでしょう、日本の小説には「部活もの」と言うべき一ジャンルがありますが、その中でも大学の体育会という特殊な世界を描いたのが❶**増田俊也『七帝柔道記』**（KADOKAWA／角川文庫）。これは北大柔道部出身の著者の自伝的小説ですが、旧帝大の七校においては、寝技中心の「七帝柔道」というものが墨守(ぼくしゅ)されていることを、私はこの本で初めて知りました。それは、いわゆる「講道館柔道」とは別物の、「練習量がすべてを決定する柔道」。

その練習は、過酷を極めます。しかしだからこそ彼らの結束は固く、そして誇り高い。何かを犠牲にして体育会で運動をしていた全ての人の目頭が熱くなること必至の、青春クソ意地物語です。

とはいえ部活は、厳しければよいというものではありません。ユル目の部活もまた、大人になった我々に甘くて苦い記憶を与えるのであって、❷**津原泰水(やすみ)『ブラバン』**（新潮文庫）は、高校ブラスバンド部の日々と、そこにいた部員達の二十五年後の生活とを行きつ戻りつする物語。

ブラスバンドは男女が一緒に練習する部活です。そこには当然、恋もあれば摩擦も生じる。そんな時代から四半世紀後、仲間達と再会する時の心のうずきや痛みがここでは描かれますが、私もその年頃

『所属して発生する脳内麻薬があり、その記憶は時に生きる支えになる』

なので、気持ちはよくわかる。フェイスブック効果もあって中年再会ブームとも言える昨今、この物語は我々の再会欲を刺激するのでした。

　今時の部活感がよくわかるのは、**❸朝井リョウ『桐島、部活やめるってよ』**（集英社文庫）。本書は、高校生活を想い出として書いた作品ではありません。若い著者が、ついこの前のお話、として書いた物語。

　高校生達が日々感じているのは、今流行り（はやり）の言葉で言うなら「スクール・カースト」です。運動ができるか否か。運動部か文化部か。容姿が良いか否か。いちいち発生する階層にため息をつきながらも、しかし彼らはそれぞれの場所で、輝くものを見ようとしているのです。

　部活小説において感じるのは、「所属」がもたらす甘やかさです。ある部に所属することによって発生する脳内麻薬は確かにあり、その記憶は時に、人が生きる上での支えとなる。「独立」も良いけれど、「所属」によってでしか得られぬものもあることを、部活小説は示すのでした。

箱根駅伝という謎【2016年1月10日】

お正月は箱根駅伝を見ながらゴロゴロしていた私。それは既に、年初めの習慣と化しています。

が、外国人は「なぜ日本人はそれほど駅伝が、それも箱根駅伝が好きなのか」と思うらしく、その疑問を解決すべく、家族ともども日本に半年滞在した英国人が記したのが**❶アダーナン・フィン『駅伝マン』**（濱野大道訳、早川書房）。

ジャーナリストの著者は、一流のアマチュアランナーでもあります。大学や実業団、アマチュアの駅伝チームと共に走るという斬新な取材手法で、日本の陸上長距離界に迫りました。

和を重んじる国民性であるからこそ、駅伝を好む。その辺りは何となくわかっていたけれど、日本人は高い精神性を求めて走る傾向があるのが、特徴的のようです。比叡山で千日回峰行を行った行者にも取材を敢行するのは、その辺りの感覚を知るためでしょう。

取材によってあぶり出されるのは、精神性を求めて走るが故のオーバーワークや、箱根駅伝後の燃え尽き症候群等の問題点。「将来のことなど考えず、無理を押して箱根を走る」みたいな話にウットリしがちな自分にも、気づかされました。

❷生島淳『箱根駅伝　ナイン・ストーリーズ』（文春文庫）は、駒澤、東洋、青山学院等、箱根を賑（にぎ）わせてきた大学の知られざるエピソードを紹介。走るというシンプルな動きの裏に、いかに多くのドラ

『「なぜ走る」は「なぜ生きる」という疑問に通じる』

❶

❷

❸

素人集団が箱根駅伝を目指す❸**三浦しをん『風が強く吹いている』（新潮文庫）**は、夢のような物語。箱根駅伝に日本人が求める要素が、この物語にはぎゅっと詰め込まれています。「なぜ走る」という疑問は「なぜ生きる」という疑問に通じるからこそ、我々は駅伝に惹かれるのだろうなあと、思わされました。

マが隠されていることか。

かつての早稲田の監督・中村清は、若き日にある名選手から「陸上は神聖なものだ。祈りであり、信仰である」と言われたのだそう。その言葉は、今も箱根の山に漂っているような気がしてきました。

様々な問題を孕みながらも箱根駅伝が人気なのは、それが極めて日本的な競技だからなのでしょう。それはもはや、競技と言うより祭祀に近い。箱根駅伝出身者がオリンピックでなかなか活躍しないと言われますが、オリンピックにつながらないからこそ、箱根駅伝は人気なのかもしれません。

作家達の東京五輪【2020年1月12日】

三島由紀夫がスポーツに目覚めたのは、三十歳頃。若い頃は青白く細身であった肉体を、ボディビルなどで鍛えていきました。

❶佐藤秀明編『三島由紀夫スポーツ論集』（**岩波文庫**）には、一九六四年の東京オリンピックの観戦記が多く収められています。スポーツに目覚めた後の文章であるが故に、そこには肉体と精神が出会った結果としてのラブソングのような高揚感が満ちているのでした。

開会式から始まり、多くの競技を観戦している三島。そこはまた、特有の華麗な比喩表現を存分に披露することができるフィールドでもありました。三島という語り部を得たことによって、アスリートの肉体は、目に見える結果以上の意味を持ったのです。

三島のみならず、多くの作家が東京オリンピックについては書いています。**❷講談社編『東京オリンピック』**（**講談社文芸文庫**）の副題は、**「文学者の見た世紀の祭典」**。大江健三郎、石原慎太郎、瀬戸内晴美、檀一雄等々、カバーに並ぶ華やかな名を見れば、オリンピックは作家達にとっても「世紀の祭典」であったことが感じられます。

作家達の多くは、まず開会式の美しさに、感銘を受けていました。当時は白黒テレビの時代。各国選手団の色とりどりのユニフォームを目にすることによって、世界中の人々がそこに集まっているという実感を、作家達は得たのです。

『選手の孤独をも、作家達は感じていた』

選手の孤独をも、作家達は感じていました。一人で走り、跳び、泳ぐ姿は、作家達自身と重なる部分も、あったのかもしれません。

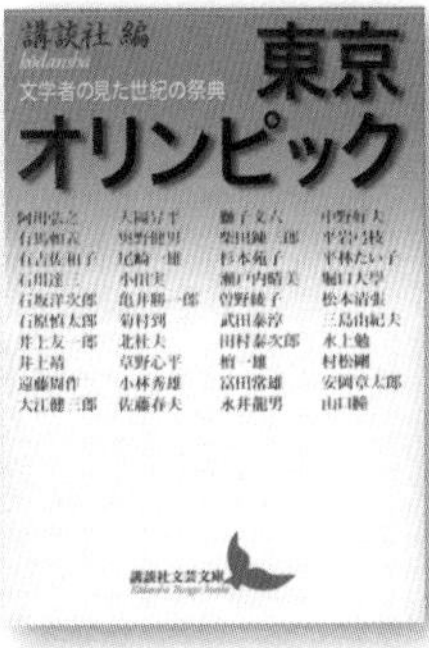

優勝した女子バレーボールチーム、すなわち東洋の魔女についても、三島の他、有吉佐和子や水上勉などが書いています。皆、彼女達の姿に感動しているのであり、三島などはスポーツを見て初めて泣いたのが、東洋の魔女の試合だったのだそう。

❸新雅史『「東洋の魔女」論』（イースト新書）は、そんな東洋の魔女が生まれた背景を探る書。労働者を「人間」として再創造するレクリエーションとしてアメリカで誕生したバレーボールは、そもそも女性向けスポーツでした。日本では繊維工場の女子工員の間で普及し、東洋の魔女を構成したのもほとんどが日紡貝塚の選手。オリンピック後、彼女達は引退し、主婦となっていく……。

東洋の魔女は、日本の戦後を象徴する存在でした。日本のために、大松博文監督のために戦う彼女達を見て文学者達が流した涙は、日本の女性の過去と未来の姿を見たが故の涙だったのかもしれません。

社会・時代・思想

変わる道　変わらぬ道【2018年11月11日】

旅先の書店で、その地域について書かれた❶**司馬遼太郎『街道をゆく』全四十三巻（朝日文庫）**を買って宿で読むのは、楽しいものです。本のもとになった連載が『週刊朝日』で始まったのは、一九七一年のこと。当時の著者は四十代後半で、それから二十六年間、連載は続きました。

一巻目は「湖西（こせい）のみち、甲州街道、長州路ほか」。当時の日本は、高度経済成長期の末期。新しい道路が次々と走り、建売住宅が並び……という状況を、著者は苦々しく思っています。それらによって、日本古来の風景も壊れていく、と。

この連載は、そんな時代だったからこそ始まったのかもしれません。古い道を再確認することによって、失われゆく日本のあり方を見つめ直そうとしたのではないか。

❷**山本周五郎『日本婦道記』（新潮文庫）**もまた、道はいつまでも変わらずにいるものではないことを伝えます。武士の妻や娘として生きた女性達が、男性を強く静かに支える様を描く短編集なのですが、彼女達は、ひたすら我慢しています。したいことをせず、言いたいことを口にしない。そしてそのことがやがて誰かに認められ……といった物語が多い。

昭和十七（一九四二）年から二十一（一九四六）年にかけて連載されたこの小説ですが、当時はまだ、「女性は自分の欲求を表に出さない方がよい」という感覚があったのでしょう。

『「欲求を表に出さない」という感覚は今、女性の立場を危うくするもの』

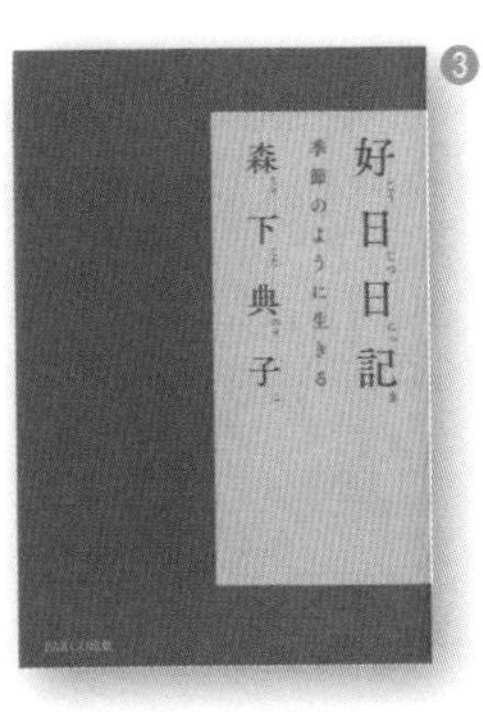

しかし今となっては、その感覚は女性の立場を危うくするものとなり、言いたいことを言い、したいことをすることによって、女性の地位を向上させようという動きが盛んになっています。「道」は変わっていくのです。

当時も「これが日本女性にとってのあるべき『道』なのか？」という意見は、あったようです。が、著者としては道を示そうとしたのではなく、ただ「好きな女性」を描いた、とのこと。その手の男性が今でもいるのがまた、女性にとって悩ましいところ。

その点、茶道という道にはブレが無いのだろうなぁ……と、❸**森下典子『好日日記』（PARCO出版）**を読んで、落ち着いた気持ちになってきました。映画にもなった名エッセイ『日々是好日』には、著者が十代で茶道を習いだした時のことから書いてありましたが、現在の著者は、茶道を続けて四十年になったとのこと。茶道は全く知らない私ですが、茶室の中で澄んだ心に、季節の変化が沁み入っていくその清しさが、こちらに伝わるかのようなこの本。四季は変わらずとも、季節を巡るお茶の道はただ同じところを周回するのではなく、螺旋のように上へ上へと続いているように思えました。

バブルをふりかえる【2017年10月8日】

バブル期の風俗を真似(まね)る芸が流行(はや)ったり、バブル期のファッションがリバイバルしたりする、昨今。バブル絶頂の頃に新入社員となった、いわゆるバブル世代の私としては、「生腐れしていたバブルも、やっと乾いたのか」と、感慨深く思います。

若者にとってバブルは、既に歴史上の出来事。実感として理解することが難しいかと思いますが、そんな時は❶**林真理子『アッコちゃんの時代』**（**新潮文庫**）がおすすめです。

特に野心があったわけでもないのに、若さと美貌に吸い寄せられる男達によって、バブルの時代の伝説と化した「アッコちゃん」。地上げの帝王や有名レストラン御曹司とのすったもんだの背景を彩るのは、ファッションブランドからシャンパン、ディスコまでの様々な固有名詞です。物質文明の只中(ただなか)で、人が心をどう扱っていたのかを垣間見ることができるのでした。

ではなぜその時代、「地上げの帝王」といった存在が登場したのか。バブル風俗のベースにあるのはバブル経済であり、その狂乱への助走と崩壊までの道筋を示したのが、❷**永野健二『バブル——日本迷走の原点』**（**新潮社**）です。

日本経済新聞の記者であった著者。明治以降、日本では資本主義と日本の文化をすり合わせるように、独自の経済システムがつくられてきたと記します。戦後もその経済システムが働いて高度成長を支

『曲がった角度が正しかったのかが今、問われている』

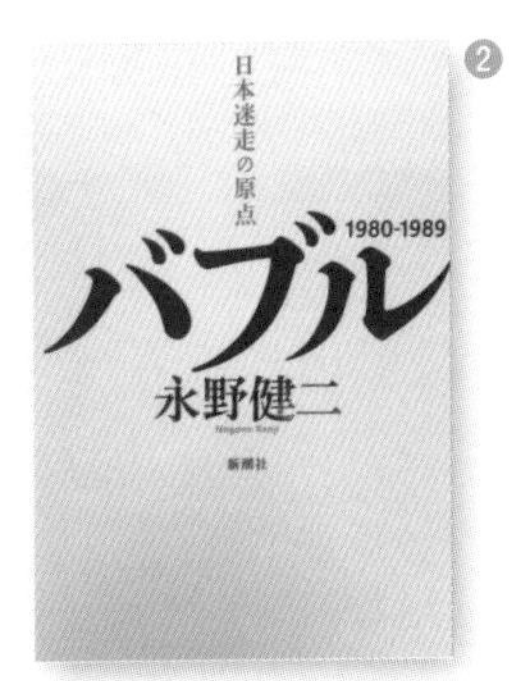

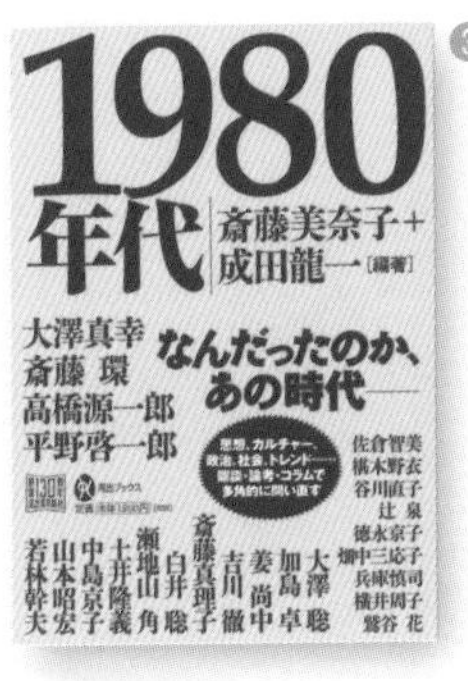

えてきたけれど、しかし「耐用年数を過ぎて、機能しなくなった」ことを示したのが八〇年代のバブルである、と。

「野心と血気に満ちた成り上がり者たちの一発逆転の成功物語」の数々、そしてその転落の軌跡は、まさに小説よりも奇。そしてアベノミクスが『バブル』を意図的につくる政策」との指摘に、バブルは既に終わったものでなく、繰り返すものであることに気づかされます。

❸斎藤美奈子・成田龍一編著『1980年代』（河出ブックス）は、バブルへと進んでいった八〇年代という時代の全体像を捉える書。政治、思想といったジャンルから、マンガ、プロレスまで、様々な書き手による分析を読んでいくと、懐かしさと同時に、あの時代は確実に、日本にとって大きな曲がり角だったのではないかと思えてきます。そしてその時に曲がった角度が正しかったのかが今、問われているような気がしてなりません。

蘇るファッション、昔の原宿【2016年11月13日】

読書の秋、という言葉を聞くことは少なくなってきましたが、寒くなるとおしゃれ心が刺激される、という人は多いものです。中高年になると、自らの来し方を振り返りたくなってきますが、それはファッション面でも同じこと。❶渡辺明日香『東京ファッションクロニクル』（青幻舎）は、一九五〇年代から二〇一〇年代まで、戦後の東京のストリートファッションを振り返るとなっています。

洋装文化がどっと入ってきた五〇年代、ミニスカート、アイビー、みゆき族の六〇年代……といったところは、「へー」という感じですが、七〇年代後半からの、竹の子族等の出現くらいからは、私も「知ってる！」と、嬉しくも恥ずかしい気分に。

街で撮ったたくさんのスナップ写真とともに紹介されるストリートファッションの歴史を眺めることは、自分自身のファッションの歴史を振り返る作業にもなります。そして現在は「新しいファッションが登場しない」という新しい時代に突入、という指摘に、移りゆく世を感じるのでした。

そこには七〇年代から原宿がファッションの発信基地になってきたことも記されていますが、七〇年代の原宿を起点として東京のファッションとカルチャーを振り返るのが❷『WHAT'S NEXT? TOKYO CULTURE STORY』（マガジンハウスムック＝品切れ）。

『現在は「新しいファッションが登場しない」という新しい時代』

❶

❷

❸

何もない場所だった、原宿。しかしセントラルアパート、カフェの「レオン」といった核となる施設があったことによって、やがてファッション関係者等が集まる地となっていきます。今では全国に存在する「BEAMS」が原宿に産声をあげたのは一九七六年。そして雑誌『POPEYE』の創刊も、同じ年。この年は日本の、カジュアルファッション元年だったのかもしれません。

黎明期の原宿の姿を私は知りませんが、それを今に蘇らせるのが❸中村のん編『70'HARAJUKU』（小学館）。神宮前交差点には横断歩道がなく、人通りも少ない当時の表参道。「レオン」に集まっていた、モデル、スタイリスト、ミュージシャン……といった、格好いい人達。そんな〝格好いい人達〟の仲間うちであったであろうフォトグラファー達によって撮られたモノクロ写真の数々は、自分達の手でファッションという世界を拓いていこうとする若者達の勢いに溢れているのでした。

ヤンキーは、どこにでも【2016年6月12日】

「だいたいの　事件はイオンで　起きている」

「地区行事　一枚噛んだら　逃げられない」

「家建てる　前に噂が　流れてる」

……等々、日本の田舎のそこはかとない可笑しみと怖さがぎゅっと詰まった川柳を集めた本が、❶**TV Bros.編集部編『イナカ川柳――農作業　しなくてよいは　ウソだった』**（文藝春秋）。高齢化、同調圧力の強さ、国道沿いの大規模店舗群……といった、「地方創生」的観点からは見えてこないリアリティーが、迫ってきます。そして、

「マイルドじゃ　なくてただただ　どヤンキー」

　という川柳が伝えるのは、ヤンキーのリアル。マイルドでないヤンキーも、いる所にはいるのです。

　マイルドヤンキーとは、❷**原田曜平『ヤンキー経済――消費の主役・新保守層の正体』**（幻冬舎新書）に詳しい概念。不良性はそれほどではないけれど、地元意識等の保守的傾向が強い若者層を示します。上昇意欲は低め、仲間や家族が大好き……といった感じでしょうか。どヤンキーのように大人に抵抗することなく、おとなしくイオンにたむろするという彼らの消費行動を、本書は解きます。

　元々は「北部アメリカ人」を示す言葉である「ヤンキー」、日本ではなぜか、昔で言う「ツッパリ」を表す言葉として定着しました。が、今のアメリカでは、日本語で言うところの「ヤンキー」的

★ドナルド・トランプ氏は2017～2021年、アメリカ大統領を務めた

『「ヤンキー」が大統領になる米国は世界の中心かイナカか』

❶

❷

❸

性質の人がおおいに目立っていて、それがドナルド・トランプ氏です。

❸町山智浩『トランプがローリングストーンズでやってきた』（文春文庫）は、アメリカ在住の著者が、アメリカの様々な珍現象、珍人物のことを紹介する書。アメリカの振れ幅の広さを痛感するとともに、アメリカが日本の先行指標だとするならば、「日本もいずれこうなるのか?」と、不穏な気持ちに。

ここではトランプ氏の過激な言動も取り上げられていますが、そんな彼の姿を「ヤンキー」と思って見ると、説明がつく気が。その変わった髪形も、衣服の末端など一部を極端に肥大させることを好むヤンキーのそれと共通していますし、排他的な地元第一主義、極端な言動を好むところも、ヤンキー的ではありませんか。

してみると日本語の「ヤンキー」が示す意味も、実はそう的外れではなかったのかもしれません。「ヤンキー」が大統領になることが現実味を増しているアメリカという国が、世界の中心なのだか世界のイナカなのだか、わからなくなってきました。

「やりとり」は、甘くない【2013年1月13日】

何かと「やりとり」が多い、年末年始。お歳暮に始まり、クリスマスプレゼントにお年賀、お年玉……と、金品が飛び交います。

年賀状もまた、「やりとり」のひとつでしょう。一年分のやりとりをこの時期に集中して行う感もあるのですが、その年賀状の変遷を見ることによって日本の近代を見るのが、**❶内藤陽介『年賀状の戦後史』**(KADOKAWA/角川新書)。

賀詞交換という昔ながらの習慣が、明治の郵便制度発足とともに年賀状となったものの、戦争中は虚礼廃止の憂き目に。しかし戦後は、大阪の一民間人の発案で「お年玉はがき」が作られる。……といった年賀状史を読むと、当たり前のように受け取っている年賀状の一枚一枚が、より有難く思えてくるものです。

❷桜井英治『贈与の歴史学――儀礼と経済のあいだ』(中公新書)には、年賀状のやりとりは、人類学において「対称的返済」と言われる行為の一種、とあります。相手がくれたものと全く同じものを返すことによって、やりとりを交わす仲における「相当」の関係が生まれ、相当によって人間関係の均衡が保たれる、と。

中世日本の貴族社会において、贈答儀礼が極端に発達していた様が本書で記されます。厳密さとゆるさを併せ持つ儀礼を駆使することにより、貴族達は自らの意志を通したり、また義理を果たしたりしたのです。

『「あげる」「もらう」は生半可な気持ちですするべきではない』

日本人はやけに贈答好きなのではないかと思っていましたが、生き残るための手段として「贈答」を捉えていた先人達の姿を知れば、我々の今の姿にも納得。そして京都では今も、他地域より厳密に贈答儀礼が守られるのもまた、中世の都人（みやこびと）達が高めた贈答儀礼が、薄まりながらも今に伝わるせいのように思えます。

自分の血肉の一部を、相手にあげたい。相手の血肉の一部を、もらいたい。贈答の根幹にはそんな欲求があるのではないかと思わせるのは、❸**谷川俊太郎詩集『女に』**（絵・佐野洋子、集英社）。一組の、決して若くはない男と女の間に交わされる、詩と絵。それは自らが存在しない時代であった相手の過去をも欲し、また死後の時間をも求める行為です。

男と女が互いを求め合い、やりとりをするという行為を、とことん煮詰めて結晶化したようなこの一冊。「あげる」「もらう」は、生半可な気持ちですするべきではないのだ本当は、と思わされる一冊です。

聖書を開くクリスマス【2012年12月9日】

クリスマス間近。今や万人にとっての楽しい行事となったクリスマスは、本来はイエスの誕生日ということで、キリスト教のお祝いです。マリアという一人の平凡な女性が、人口調査のために夫と共に訪れたベツレヘムで出産をした日が、クリスマスになっているのです。

マリアは、イエスの母となったことによって、多くの苦悩を背負いました。その内面に、私達は**❶遠藤周作『聖書のなかの女性たち』**（講談社文庫）によって、触れることができます。処女のままに懐胎した時の、不安。息子であるイエスが処刑されるという、結末。それらを通して、マリアは「聖母」となりました。

この時代、女性の地位は今よりずっと低いものでした。そんな中で、貧しい女、罪を犯した女、病を得た女に慈悲の視線を向けるイエスの姿が描かれる、この本。聖書における女性の扱われ方は、キリスト教のひとつの方向性を示しているのでした。

聖書に女性が登場する場面は、いわゆる「名場面」になりやすく、歴史上において多くの絵画や彫刻として残されました。**❷柳宗玄（むねもと）『キリスト——美術にみる生涯』**（八坂書房）は、様々な美術作品を追うことによって、イエスの生涯を見る書。マリアへのお告げ、キリスト降誕から始まり、死して後の聖霊降臨まで。時代によって、イエスとその周囲の人々の描かれ方は多様であり、人がイエスの人

『聖書における女性の扱われ方はキリスト教のひとつの方向性を示す』

❶
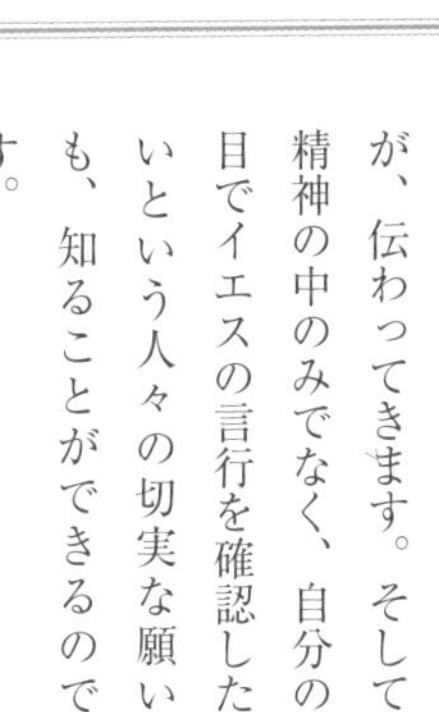

❷

❸

生をどう捉えようとしたかが、伝わってきます。そして精神の中のみでなく、自分の目でイエスの言行を確認したいという人々の切実な願いも、知ることができるのです。

クリスマスくらい聖書を開いてみようか、という方には❸**『新約聖書』I・II**（新共同訳、文春新書）が、新書判ということで手軽。最初におかれるマタイによる福音書の冒頭の方には、「イエス・キリストの誕生」のシーンがありますから、イエスの生まれた経緯、クリスマスにはなぜ三人の博士や羊飼いが登場するのかも、理解できることでしょう。

佐藤優氏による、自らの体験に根ざした解説も、読み応えがあります。西欧文明の基礎となったキリスト教を知る上でも、そして慌ただしい年の瀬に自らを振り返る意味でも、たまには聖書も、いいものです。

遠くて近いキリスト教【2017年2月12日】

★2017年1月、アメリカ映画「沈黙」が日本で封切られた

スコセッシ監督の映画「沈黙」を見て、原作を久しぶりに読み返した私。さらに原作の著者である**遠藤周作**の講演録❶**『人生の踏絵』（新潮社）**を手に取ると、そこには「沈黙」執筆時の心境が記されていました。遠藤が長崎で踏み絵を見た時、そこには脂足で踏まれ、くたびれ果てた中年イエスの姿があったのであり、それが「沈黙」執筆のきっかけとなりました。

キリスト教徒の家に生まれた遠藤は、幼児洗礼を受けています。子供の頃からの〝許嫁（いいなずけ）〟が「バタ臭い顔」をしていたのだ、とそのことを表現する遠藤。やがてキリスト教は〝女房〟となりますが、みそ汁も作れないその妻を「愛している」かは定かでないものの、相手を懸命に理解しようとする遠藤がいるのです。

このように遠藤は、自信満々の信者ではありません。踏み絵を踏む信徒。棄教する宣教師。弱い者に寄り添う姿勢が作品中に登場するのは、遠藤自身もまた、一人の弱い人間としての自覚を持っていたからです。

しかしなぜ、かつての日本で大量のキリスト教信者が生まれたのか。神父達はなぜ、命を賭けて日本まで来たのか。そんな疑問は残るのですが、❷**星野博美『みんな彗星（すいせい）を見ていた――私的キリシタン探訪記』（文藝春秋。文春文庫にも収録）**は、今を生きる著者が、数々の疑問の中に飛び込んでいった書。

著者は、キリスト教系の学

『一人の弱い人間としての自覚を見る』

❶ 遠藤周作『人生の踏絵』 新潮社

❷ 星野博美『みんな彗星を見ていた 私的キリシタン探訪記』 単行本版

❸

校で学んだ折、日本のキリスト教界に対する強い違和感を覚えていました。日本人がキリスト教に熱狂した時代に対する興味を持つきっかけは、そんなところにもあったのでしょう。

キリシタンゆかりの地を巡り、膨大な資料を読み、やがて宣教師達の故郷であるスペインへ。そこで待っていたのは、感動の出会いでした。文化は違っても、同じ神を信じることはできる。また文化は同じでも、信じる対象が異なれば殺し合いになる。人間の可能性と愚かさを、同時に感じさせられる一冊です。

キリスト教はその後、日本で盛んにはなっていません。やはり「バタ臭さ」故の相性の問題がありそうですが、❸**米田彰男『寅さんとイエス』**（筑摩選書）を読めば、今もキリスト者達は、日本人に合ったキリスト教の解説に腐心していることがわかります。

フーテン性やユーモアのセンス等、寅さんとイエスの間に共通項を見いだした著者は、神父さん。寅さんという意表をついた補助線の登場によって、イエスが少し、身近に思えるのでした。

団地が育む思想、ドラマ【2012年11月11日】

団地住民の高齢化などが問題となっている昨今ですが、そんな団地がレトロでお洒落、と見る機運も高まり、各地の団地見学にいそしむ団地マニアもいる模様。それはつまり、団地が一度「枯れた」場所だから、なのでしょう。

そんな中、団地という空間を歴史と政治の流れの中から捉え直したのが、**❶原武史『団地の空間政治学』**（NHKブックス）。戦後の住宅難時代を経て建てられた団地は、家族の「私生活」を誕生させ、人々の憧れの住まいとなりましたが、同時に団地独特の地域自治も発生。団地という新しい空間が生まれ、時代とともに変化してゆく様が、ここでは丹念に描かれています。空間によって育まれる思想は、確かにあったのです。

一九六一年、すなわち団地が華やかだった時代に書かれた**❷松本清張**の短編**「潜在光景」**は、同名の短編集（KADOKAWA／角川文庫）に収められていますが、この物語の主人公は、団地ではないものの、戦後に拓かれた郊外の住宅地に住んで、その生活に飽いています。そんな中で再会した、一人の女。そこから彼の生活は、狂いはじめるのでした。

映画化された時、この物語の舞台は団地となっていました。それは、団地が画一的な生活を象徴する建物であったからでしょう。「人間生活の孤立化」を近代の問題点として捉えていたという松本清張が、孤立化した生活に静かに潜む恐怖を描きます。

『空間によって育まれる思想は、確かにある』

一方、楽しい団地ライフを満喫しているのは、❸**小田扉**の連載マンガ『**団地ともお**』**全三十三巻（小学館）**の主人公・木下ともお。架空の場である枝島団地に住むともおは日々、友人達と馬鹿げた騒動を繰り広げる。……というシンプルな話は、昨今の子供モノ（子供向け、ではない）マンガの中では出色の面白さです。

かつて団地で生まれ育った子供達は既に大人となってしまったがために、団地住民の高齢化は進んでいます。このマンガのように団地の中で子供達が駆け回るというシーンは、今となっては幻のものかもしれません。

しかしだからこそ、ともお達の馬鹿さ加減は、我々の心を打つのでした。子供達が集まって、とことん馬鹿馬鹿しいことを楽しむ。そんな舞台として団地は最適であったことを、このマンガは教えてくれるのです。

酒井順子（さかい じゅんこ）

1966年東京生まれ。高校在学中から雑誌『オリーブ』にコラムを執筆。大学卒業後、広告会社勤務を経て執筆業に専念し、2003年刊行の『負け犬の遠吠え』で第4回婦人公論文芸賞と第20回講談社エッセイ賞をダブル受賞。『男尊女子』『百年の女「婦人公論」が見た大正、昭和、平成』『ユーミンの罪』『裏が、幸せ。』『金閣寺の燃やし方』『処女の道程』『鉄道無常 内田百閒と宮脇俊三を読む』など、著書多数。池澤夏樹個人編集の『日本文学全集』では「枕草子」の現代語訳を担当した。東京新聞・中日新聞の朝刊読書面に2012年5月から「酒井順子さんの3冊の本棚」を連載中。

月に3冊、読んでみる？

２０２１年8月24日　第1刷発行

著　者　酒井順子

発行者　岩岡千景

発行所　東京新聞

〒100-8505　東京都千代田区内幸町２-1-4

中日新聞東京本社

電話　［編集］ 03-6910-2521

［営業］ 03-6910-2527

ＦＡＸ　03-3595-4831

印刷・製本　株式会社シナノ パブリッシング プレス

ISBN978-4-8083-1063-9　C0095

30年を経てよみがえる
血縁を超えた〈家族〉のかたち

落合恵子著

『偶然の家族』

武蔵野の面影を残す洋館のアパートに集ったシニアのゲイのカップルやシングルマザーの母子ら7人。その暮らしは……。1990年刊行の小説に、コロナ禍の2021年の姿を加筆して復刊。

四六判　並製　264ページ